JN315458

人間か精霊か。母親は一人で決めねばならない

獲物を探し森を40キロ以上歩く

ヤノマミは１万年以上前から深い森に生きる

ヤノマミが言った。風の精霊がやってくると女は命を宿す

新潮文庫

ヤノマミ

国分拓著

新潮社版

9637

目次

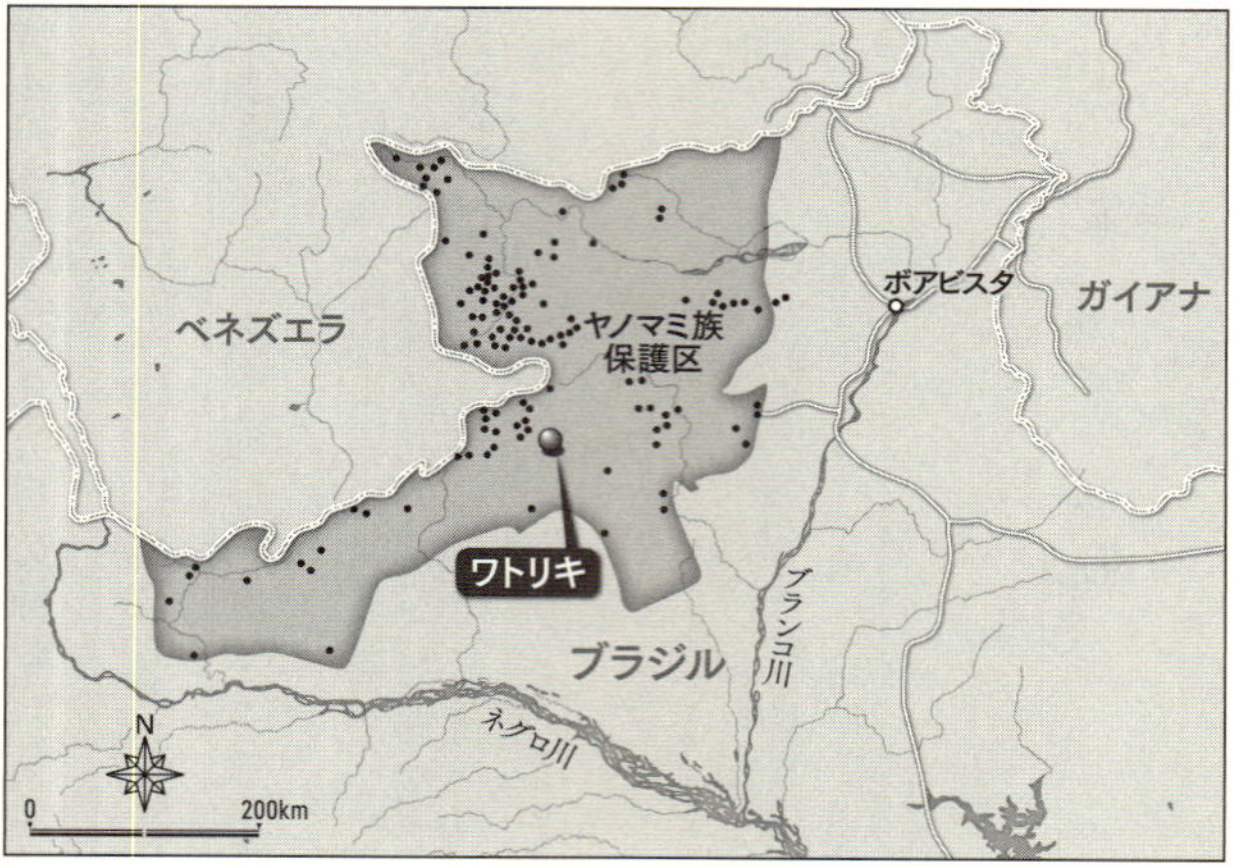

＊ヤノマミ族保護区内の点はシャボノ（ヤノマミ族の住居）の位置を示す。
［1985年時点／ FUNAI ＝ブラジル法務省国立インディオ基金の資料より］

ベネズエラ
ガイアナ
スリナム
右図の範囲
ヤノマミ族保護区
ボアビスタ
コロンビア
ワトリキ
アマゾン川
エクアドル
マナウス
ブラジル
ペルー
ブラジリア
ボリビア
リオデジャネイロ
パラグアイ
サンパウロ
チリ
ウルグアイ
アルゼンチン
0
1000km

写真　菅井禎亮・Eduardo MAKINO
地図　網谷貴博（アトリエ・プラン）

ヤノマミ

序章　闇の中で全く知らない言語に囲まれた記憶

闇、なのだ。全くの、闇なのだ。

初めての体験だった。それは月のない夜で、どこからか、ぬるく湿った風が吹いていた。僕は赤道直下の深い森の中にいて、一人、陽が沈んでいくのを見ていた。赤道直下の森では朝六時きっかりに陽は昇り、夕方六時きっかりに陽は沈む。その日も午後六時に陽が沈むと、一時間もしないうちに漆黒の闇に包まれた。金剛インコの群れが飛んでいた空も、威圧的なまでに茂っていた椰子《やし》の葉も、不思議な雲がかかっていた山も、蛇や家畜の糞《ふん》を踏まぬよう注意して歩いていた地面も、全《すべ》てが黒一色になった。黒い闇、ただ一色になった。


指先さえ見えない闇の中にいると、いろいろな感覚が研ぎ澄まされてゆく。視力を奪われる代わりに、触覚や聴覚や臭覚《しゅうかく》が過敏になる。

最も鋭敏になるのは聴覚だ。陽が沈む前は気が付かなかった音が四方から聞こえてくるようになる。薪をくべる音。炎が燃える音。水を飲み込む時に鳴る誰かの咽喉《のど》の音。鼾《いびき》やオナラの音。誰かが寝返り打ってハンモックが擦れる音。何かをかき混ぜるような音。飛び交う蝙蝠《こうもり》の羽音。一筋の突風が吹いてきて大木が軋《きし》む音。雨の重さに耐えきれず、森のどこかで木が倒れる音。遠くの湿地で雄の蛙《かえる》が雌の気を惹《ひ》こうとして咽喉を鳴らす音。その蛙が蛇に襲われたか何かして、けたたましく叫ぶ音……。

誰かの声も聞こえてくる。声は生き物のように闇の中を揺らめき、消えたかと思うとふいに甦《よみがえ》ったりする。どこかで誰かが何かを言う。誰かが答え、誰かが笑う。アハフー、アハフー。聞いたことのない笑い声が闇夜に響く。アハフー、アハフー。何度も響く。

何を話しているのだろう。それ以上に、声はどこから聞こえてくるのだろう。僕は声の方向を探してみる。しかし、左なのか右なのか、近いのか遠いのか、男の声なのか女の声なのか、まるで分からない。ただ、声だけが風に揺れている。アハフー、アハフーと揺れている。

闇の中で、全く知らない言語に囲まれる。

二〇〇七年の十一月から二〇〇八年の十二月にかけて、僕たちはドキュメンタリー番組を作るため、四回にわたってアマゾンの奥深くまで分け入り、今なお原初の暮らしを続けているヤノマミ族の集落に同居した。

ヤノマミ族はブラジルとベネズエラに跨《またが》る広大な森に生きる先住民で、推定二万五千人から三万人が二百以上の集落に分散して暮らしている。僕たちが同居した集落はブラジル最北部・ネグロ川上流部に広がる深い森の中にあり、一つの大きな家に百六十七人が共同で暮らしていた。彼らは、自分たちの集落を〈ワトリキ〉、「風の地」だと言った。ワトリキにはいつも風が吹いていた。微風、旋風、突風、様々な風が吹いていた。風は不思議な雲がかかる山から吹き下ろしてくるようだった。その山を彼らは〈マーマ・マウン〉、「雨の山」だと言った。

二〇〇七年十一月二十日。僕たちは、そのワトリキにいた。日本を発《た》ってから六日後のことだった。そして、彼らと同じ家に住み、同じものを食べ、彼らの言葉を覚えながら、百五十日間に及ぶ同居を始めたのだ。

ワトリキの周囲に広がる原初の森は深く、美しかった。蜂鳥《はちどり》が紅《あか》い花を啄《ついば》み、金剛インコが番《つがい》で飛び、目が眩《くら》むほどの蝶《ちょう》が水辺で群れていた。

蜂の巣を食べる

人々も美しかった。毒草を川に流し、痺《しび》れて浮かんでくる魚を獲《と》る伝統的な漁。小鳥が助けを呼ぶ声を真似《まね》て親鳥を呼び、集まったところを射る男の狩り。子どもたちの散歩についていけば、蜂の巣を手摑《てづか》みで獲って、そのまま食べた。そして、集落にはいつも笑いがあった。

だが、「文明」にどっぷりと浸《つ》かった僕たちにとって、深い森での暮らしは快適とは程遠いものでもあった。最初は川の水さえ飲めなかった。セスナで運ぶことのできる食糧も余りに少なく、すぐに食べ尽くされた。空腹の余り、動く度に立ちくらみがした。仕方なく休んでいると、屋根から巨大な虫が落ちてきた。驚いて振り払うと、虫たちは人間のことなど全く気にせず、周囲を飛び回った。見ていたヤノマミが笑った。アハフー、アハフー。蛾《が》、蠍《さそり》、ゴキブリ、蟋蟀《こおろぎ》、蝙蝠。どれも大きく、数えられないぐらいたくさんいて、何よりも無遠慮だった。昼間に森を歩けば蚊やら虻《あぶ》やらダニやらに襲われた。数日で百か所以上を食われた。夜は夜で用を足すために家の外に出ようとすると、直径二センチ、長さ五十センチはあろうかという巨大なムカデが戸口を塞《ふさ》ぐように横断していた。余りの巨大さに愕然《がくぜん》としてしまい、跨ぐことができなかった。巨大ムカデの横断を待ってようやく外に出ることができたとしても、目指す茂みまでは遠かった。しかも、周囲は真っ暗闇で、茂みには嚙《か》まれれば二時間で死ぬという毒蛇が潜んでいるかもしれなかった。便意や尿意が迫る中、僕たちは周りを棒で突いて「安全」を確認した後、速攻勝負に出ねばならなかった。だが、しゃがみこんだのも束《つか》の間《ま》、闇の中から吠《ほ》え猿のような鋭くけたたましい鳴き声やアマゾン最大の肉食獣ジャガーのような獰猛《どうもう》な唸《うな》り声が聞こえてくる。周囲は余りに暗く、余りに静かだったから、声の主は近くの茂みからこちらを威嚇《いかく》しているように思ってしまう。恐ろしさからモノは体内奥深くまで引っ込み、早くしなければと焦《あせ》るほど便意は遠ざかる。僕たちは恒常的に咽喉が渇き、腹が減り、眩暈《めまい》に苦しみ、身体《からだ》が痒《かゆ》く、下腹が重くなっていった。

また、ある程度予想していたことではあったのだが、原初の人々とその暮らしは驚きの連続だった。強力な仲介者の助けを得て、事前に同居の了解を得ていたにもかかわらず、目の血走った男に「お前たちは敵なのか、災いを持ってきたのか、敵なら殺すか」と凄《すご》まれた。シャーマンは真っ黒な幻覚剤を吸って、夜な夜な天の精霊と交信を続けた。大人たちは大量の獲物を僕らの目の前で捌《さば》き、解体に集まってきた子どもたちは腹から出された胎児で遊んでいた。僕たちは、ただ、圧倒されるばかりだった。だから、一日が終わると、身も心もぐったりとなった。食欲もなく、喋《しゃべ》る気力もなかった。何もする気が起きず、すぐ横になりたかった。それなのに、疲弊した心身とはまるで無関係に、深い森では今日も午後六時きっかりに陽は落ち、一時間もすれば闇に包まれる。視界は失われ、薪を燻《いぶ》す臭《にお》いだけが漂ってくる。そして、いつものように、闇の中から知らない言語が聞こえ出す。誰かが話し、誰かが笑う。アハフー、アハフー、アハフー。またしても、闇の中で知らない言語に囲まれる。

そんな暮らしが、百五十日続いた。

でも、彼らはいったい何を話していたのだろう。闇夜で何を話していたのだろう……。

——闇の精霊チチリは闇が好きで、夜明けの光が大嫌いだった。
だから、チチリは夜明けの精霊ショエメリを憎んでいた。
ある日、チチリはショエメリと大喧嘩《おおげんか》を始め、ついには食べてしまった。
地上は夜だけ、闇だけの世界となった。
明かりのない闇だけの世界にヤノマミは怯《おび》えた。
いつまでも怯えていると、気の毒に思ったチチリが現れて、こう言った。
「怖かったら、話しなさい。
私が言葉を教えるから、みんなで話しなさい。
家族で話し、友人と話し、客人が来た時にも話しなさい」

以来、ヤノマミは闇夜に話す。
闇の精霊チチリに教えてもらった言葉で、闇夜に話す。
（ヤノマミ族に伝わる闇にまつわる神話）

僕たちの同居は闇の中で耳を澄ませるようなものだった。百五十日間、僕たちは深い森の中でひたすら耳を澄まし、流れている時間に身を委ねた。そして、剝《む》き出しの人間に慄《おのの》き、時に共有できるものを見つけて安堵し、彼らの歴史や文化を学び、天と地が一体になった精神世界を知った。

それらは、僕たちの心の中にある「何か」を突き動かし、ざわつかせた。深いところに隠れていたはずの記憶が甦ってくるように、心の奥底をざわつかせた。

僕たちは、その得体の知れない「何か」と、答えの出ない対話を続けることになったのだ。

第一章　深い森へ

緑の悪魔

多くの探検家がアマゾンの密林のことを「緑の悪魔」と言ったのも分かるような気がした。それほど、眼下の森は広く、険しく、深かった。

二〇〇七年十一月二十日、僕たちはブラジル北部ロライマ州にあるボアビスタという町をセスナで飛び立ち、〈ワトリキ（風の地）〉という名のヤノマミ族の集落を目指した。

ボアビスタを出発して三十分程西へ飛ぶと、セスナはヤノマミ族保護区に入った。その瞬間、地表は一変した。道路とか電線とか水路とか「文明」のものが一切消え、視界は森だけとなった。セスナは時速二百キロ近いスピードで飛んでいるはずなのに、どこまで行っても、森が途切れる気配はなかった。また、地上八百メートルの上空を飛んでいるはずなのに、森はすぐ下にあるように感じられた。いや、それだけではなかった。眼下にしかないはずの森が上下左右に膨らみ、セスナを覆《おお》い尽くして、今まさに飲み込もうとしているかのような錯覚に囚われた。

圧倒的な森だった。僕は平衡感覚がなくなり、息苦しくなった。何よりも、怖かった。肺からせり上がってくるのは、吐き気ではなく、恐怖感だった。

恐怖感を少しでも和らげようと、眼下の森を歩いた古《いにしえ》の探検家たちを想った。同じ境遇にいた人を想像して、少しでも落ち着こうと思ったのだ。だが、彼らは、僕らのように森をセスナで一飛びしたのではない。この下を歩いたのだ。「緑の悪魔」の奈落《ならく》の底を歩いたのだ。空の上からでも怖いのに、地上を歩いた恐怖や孤独感はどれほどのものだったろう。彼らの苛酷《かこく》な境遇を想像した時、恐怖はさらに増してしまった。やはり、「緑の悪魔」以外にこの威圧的な森を言い表す言葉はないと思った。

緑の悪魔……。でも、僕たちは、もう後戻りはできない。後戻りはできないのだ。僕は自分にそう言い聞かせながら、汗ばむ手を何度も開いたり閉じたりして、必死に緊張を和らげようとしていた。

目指すワトリキは、ボアビスタから西へおよそ三百キロのところにあった。ボアビスタを出発して七十分後、「緑の悪魔」の只中《ただなか》に、目印となる岩山が見えてきた。〈マーマ・マウン（雨の山）〉だった。セスナが雨の山の近くを通ると、乱気流のためか機体は激しく揺れた。

セスナは雨の山を旋回し、徐々に高度を下げていった。そして、ジャングルの木を切っただけの滑走路にアプローチを始めた。滑走路は草ぼうぼうだった。着陸すると、機体はさらに激しく揺れた。

スピードが落ち、もう大丈夫と思って小さな窓から外を見た時、視界に何かが入ってきた。人間だった。セスナから五十メートルほど離れたところで、腰に手を当てた何人かの男がじっとこっちを見ていた。乳房を露出し、紅い腰巻をしただけの女たちも、男と同じようにじっとこっちを見ていた。誰も笑ってはいなかった。皆不思議そうな、それでいて隙《すき》がなく、とても乾いた表情をしていた。

人々の視線は僕たちがセスナを降りてからも変わらなかった。子どもに笑いかけてみると、照れるような表情をして物陰に隠れた。若い男たちにも笑いかけてみた。男たちは目が合うと、両手を叩《たた》いてアハフーと笑い、やはりどこかに行ってしまった。

彼らには微妙な距離感があった。それが羞恥心《しゅうちしん》からなのか、恐怖心からなのか、あ

マーマ・マウン

るいは想像もできない全く別の感情からなのか、僕たちにはまるで分からなかった。

ヤノマミ族の一万年

〈ヤノマミ〉とは、彼らの言葉で「人間」という意味だ。彼らはブラジルとベネズエラに跨る深い森に生きる南米の先住民で、人口は推定二万五千人から三万人。「文明化」が著しい先住民にあって、原初から続く伝統や風習を保つ極めて稀《まれ》な部族だった。

西暦一四九二年にコロンブスがやって来る以前、南米大陸には一千万〜五千万人（諸説あり）の先住民が暮らしていたと推定されているが、その後の五百年で彼らの人口は一パーセント以下まで激減した。多くの部族が虐殺や「文明」側によって持ち込まれた病原菌によって絶滅したのだ。現在、ブラジルに生きる先住民は二百二十部族・三十万人に過ぎない。

ヤノマミは「文明」による厄災から免れることができた奇跡的な部族だった。アマゾンの奥の、また奥にある未踏のジャングルで暮らしていたため、虐殺や病原菌による絶滅から逃れることができたのだ。一定の人口を維持し、独自の伝統と風習を保ち続けているのは、ヤノマミだけと言っても過言ではなかった。


ヤノマミは三十人から二百人で一つの集団を作り、広大な森に分散して暮らしている。それぞれの集団の距離は近い場合でも百キロ近くあり、親戚関係にある場合を除けば、交流は殆《ほとん》どないと言っていい。また、獲物が少なくなったり、土地が涸《か》れたりすると、別の土地を求めて移動するが、その移動は余りに頻繁、かつ広範囲にわたるため、二百とも三百とも言われる集団が現在どこにいて、どれだけの人数なのか、誰にも分からない。政府にもＮＧＯにも人類学者にも分からず、ヤノマミ自身でさえ分からない。

ヤノマミに関する記述は十七世紀頃から探検記などに登場し始めるが、それらの書物には「凶暴な民族」と紹介されていることが多い。以降、伝道団や人類学者による優れた記録も中にはあるが、根本的な印象は変わらず、今でも多くの百科事典の類《たぐい》には「集団間での戦争が半永久的に続いている」とか「男尊女卑で女性への暴力が絶えない」と書かれている。もはや石器を使うヤノマミはいないと考えられているにもかかわらず、「最後の石器人」と記されているものもあった。

ヤノマミの場合、集団の殆どは二十世紀になってから「文明」社会と初めて接触した。現在、彼らが暮らす深い森は「先住民保護区」(ブラジル側のヤノマミ族保護区の面積は北海道の一・四倍)に指定されていて、政府の許可なくしては無断で入ることができなくなっている。

だが、保護区となるまでの道のりはけっして平坦ではなかった。保護区となる以前、豊富な鉱物資源を求め、ヤノマミの土地には多くの侵入者が入り込んできたからだ。最大の侵略者は政府だった。民主化以前の軍事政権(〜一九八五)は森をぶち抜き、ブラジルからベネズエラに通じる幹線道路と軍事基地を建設した。絶滅こそ免れたもののの、こうした侵入者との接触により、病原菌に対する免疫を持たない多くのヤノマミが死に、生き残った者たちは奥地へと逃げねばならなかった。

一九八五年の民主化によって、事態は少しだけ前進した。八八年には新憲法が公布され、「政府は先住民の土地を確定するとともに、彼らがその土地で生きるための権利を保障する義務を負う」と先住民の権利が保障されたのだ。だが、それは、まだただのお題目に過ぎなかった。保護区に指定されない限り、侵入者への罰則は何もなく、「無法地帯」であることに変わりはなかったからだ。

保護区に指定されるまでには長い時間が必要だった。理由は二つあった。一つはヤノマミが隔絶《かくぜつ》された奥地に暮らしていたため、土地の確定に関する彼らの同意を取ることが難しかったこと。もう一つは——こちらの理由の方が大きいが——開発業者や彼らと利権を同じくする地方政府が猛然と反対したからだ（ブラジルの場合、地方の首長は中央省庁出身の官僚や学者などのいわゆる知識人階層であることは少なく、地域を牛耳るボスであることが多い。現在でもそうした首長たちは開発の促進はもちろん、先住民保護区の見直しさえ公然と口にする）。

ヤノマミ族保護区が制定されたのは、民主化から六年も経《た》った一九九一年のことだった。西欧からの支持を背景に、リベラルな大統領とリベラルな法務大臣が反対する議会や地方政治家をねじ伏せ、強行突破したのだ。

法的には、ヤノマミの土地は彼らのものとなった。独占的な土地の使用権も保障された。だが、それでも、法を無視する集団が後を絶たなかった。特に「ガリンペイロ

（金鉱掘り）」と呼ばれる集団は大挙して保護区に侵入し、金やダイヤモンドを探し続けた。その数およそ三十万人。ガリンペイロは水銀を使って金を川底から探した。川は汚染され、ガリンペイロが使う重機の出す音は食糧となる動物を遠ざけ、重機が作る無数の掘り跡は澱《よど》みとなってマラリア蚊の絶好の繁殖場所となった。一九九三年には五人のガリンペイロがヤノマミを虐殺するという事件も起きた（ベネズエラ側のハシムーという集落に侵入したガリンペイロが十六人のヤノマミを殺害）。その後、ブラジル政府はガリンペイロ掃討作戦を展開したが、深い森に潜む彼らを探し出すのは難しく、今でも数千人のガリンペイロが保護区に入り込み、金を探していると考えられている。

二十一世紀に入ると新たな問題も発生した。ブラジルは世界有数の農産物輸出国として躍進を遂げ、各地に大豆長者や小麦長者が出現した。人々はこぞって辺境の森を焼き払い、農地を拡大し始めた。土地はただ同然で、中国や日本など、農作物の買い手はいくらでもあった。農地は保護区に迫り、時に越境するようになった。現在、保護区の境界線ではヤノマミと「ファゼンデイロ（農場主）」との諍《いさか》いが後を絶たない。

僕たちが同居することになっていたワトリキは一九七〇年代にブラジル社会と初めて接触した。ワトリキでも、接触によって多くの人間が死んだ。マラリアのような、それまでアマゾンにはなかった病気も流行した。彼らはその度に森を逃げ、時に「文明」からの侵入者を襲った。間にNGOや先住民保護を担当する政府機関が入って和解に至ったのは一九八〇年代後半になってからのことだった。以来、ごく少数の宣教師やNGO職員を除けば、「文明」側の者でこの地にやって来る者は殆どいなかった。

ヤノマミの場合、二百以上という集落の「文明」度にはかなり濃淡がある。大型船の航行が可能な大河の近くに暮らしていたり、早い時期から伝道団がやって来た地域では、Tシャツとパンツ姿が当たり前で、流暢《りゅうちょう》なポルトガル語やスペイン語を話すヤノマミもいる。だが、そこから奥に入れば、一万年前から変わらない狩猟・採集の生活を続けている集団もいるし、「文明」を知らずに隔絶されたまま生きている集団〈イゾラド＝隔絶された人々〉も存在する。

ワトリキでは十年ほど前からパンツ・ナイフ・鍋《なべ》などが入ってくるようになった。だが、女たちは〈ベッシマ〉と呼ばれる紅い腰巻を身に着けているだけだった。男たちの多くはパンツを穿《は》くようになったが、それでもまだ七名が全裸で、ペニスの先端を紐《ひも》で縛り、その紐を腰に回して結わえつけていた。また、意思疎通《そつう》ができる程度のポルトガル語を話す者が数名いるという話だったが、「文明」側の言葉で積極的に話しかけてくる者は一人もいなかった。

二〇〇七年十一月から二〇〇八年十二月まで、僕たちは四回、合計百五十日をワトリキで暮らした。滞在期間とメンバーは以下の通りだ。

〔滞在期間〕
一回目：二〇〇七年十一月〜（十五日間）
二回目：二〇〇八年一月〜（六十日間／計七十五日）
三回目：二〇〇八年七月〜（五十日間／計一二五日）
四回目：二〇〇八年十一月〜（二十五日間／計一五〇日）
〔メンバー〕
一回目：国分拓（ディレクター）、菅井禎亮（カメラマン）、下垣圭三（音声照明）、ミルトン・タカキ（通訳＝ポルトガル語↕日本語）、エドワルド・マキノ（スチール、撮影補助）、アラン・スアスーナ（アテンド、先住民保護を担当する政府機関の元職員）、ダリオ・ヤノマミ（通訳＝ヤノマミ語↕ポルトガル語、アテンド）

二〜四回目：国分拓、菅井禎亮、エドワルド・マキノ

拠点設置、安全確認、そして家族関係の聞き取りのために、一回目のロケに限り七名が参加したが、二回目以降は三名に減らした。同居・同化を目指すには、ヤノマミの人々がプレッシャーを感じない人数の方がいいと判断したためだった。

僕たちは、彼らの家から数キロ先にあるFUNASA（ブラジル国立保健財団）の保健所に荷を下ろした。先住民保護区には集落ごとに簡単な医療器具と医薬品を備えた保健所があり、ワトリキにも一九九八年に同様の保健所が設置されていた。そして、最初は不定期、数年前からは定期的に看護助手（殆どが女性）が派遣されていた。保健所にはドイツのNGOが寄付したという旧式のソーラーパネルがあり、機材はその電力で充電することにした。

僕たちは保健所の軒先にハンモックを吊《つ》って何泊かした後、彼らの家に向かった。そうして、百五十日間に及ぶ同居が始まった。

ハンモックを吊って囲炉裏を作る

ヤノマミは自分たちの家を〈シャボノ〉と呼んでいた。シャボノは巨大な家だった。直径は六十メートルあり、上から見るとドーナッツのように中央部分が空洞になっている。中央部分には屋根がなく、祝祭を行ったり子どもが遊んだりする共有スペースのようだった。人々が暮らすのは円の縁の方で、そこには屋根があり、家族ごとの囲《い》炉裏《ろり》が置かれていた。囲炉裏の近くには直径十五センチほどの柱が何本かあり、その柱を利用してハンモックが吊られていた。広いシャボノの中で家族は囲炉裏を中心にまとまっているように見えた。

囲炉裏と囲炉裏の間に間仕切りはなかった。食べている時も、寝ている時も、あるいは性行為の最中でさえ、他人から丸見えとなるのだ。シャボノには「プライバシー」が全くなかった。

二〇〇七年十一月の段階で、シャボノには三十八の囲炉裏があり、百六十七人が一つ屋根の下で暮らしていた。世界には様々な家があるが、これほど巨大な空間に多くの人が同居している例は他にはないように思われた。

また、巨大さとともにシャボノを一層際立《きわだ》たせているのが、その丸さだった。アマゾンの先住民は部族ごとで独特の住居を作るが、円形の共同住居を作るのはヤノマミだけだった。

「シャボノは丸い。天の入り口だから丸い」

ずいぶん経ってから、長老の一人がシャボノについて、そう言った。

僕たちがシャボノを最初に訪れた日、長老らしい男がやって来て、「ここにハンモックを吊れ」と言った。どうやら、その場所は部外者が寝泊まりする区画のようだった。

ハンモックの吊り方は勉強していったのだが、中々うまくいかなかった。悪戦苦闘していると、ヤノマミが集まって来てじっと僕たちを観察し始めた。観察というより、あれこれ品評しているような感じだった。野球中継を見ている世のオヤジたちが、今日のピッチャーは腕が振れてないなぁとか、あそこでこんな球を投げる奴がいるかよとか、あんな小便カーブがどうして打てないんだとか、無責任に論評している感じにどことなく似ていた。

彼らは何かを話して、時おり、笑った。アハフー、アハフーと笑った。これまでに

円形の共同住居〈シャボノ〉

聞いたことのない、独特の笑い方だった。
僕がロープを結んでいると、一人の少年が手を叩きながら、アハフーを連発した。そして、こっちに近づいてきて、ロープを縛ってくれた。「そんな結び方じゃハンモックが落ちちゃうよ、バカだなぁ」とでも言っているかのようだった。僕が頭を下げて礼を言うと、少年は再び手を叩き、アハフーと笑って去っていった。
ハンモックを吊ったのち、煮焚《にた》きをするために囲炉裏を作った。煮焚きと言っても持っていった食糧はわずかだった。いたずらに「文明」側の食べ物を見せたくはなかったのだ。僕たちは過去にワトリキを訪れたことのあるNGOに助言してもらい、彼らが以前に持っていったことのある食糧だけを持参することにした。それは、ココア、ビスケット、はちみつ、固形スープ、水を入れるだけで炊《た》くことのできる登山用のアルファ米、カロリーメイトのような携帯用食糧などだった。僕たちは、なるべく彼らと同じものを食べようと思っていた。

一日の献立と言えば、いつも同じメニューだった。朝食はビスケットとココア。昼と夜は彼らから貰《もら》ったタロ芋のパンとバナナを食べた。腹が空《す》いて耐えられない時は彼らに隠れてカロリーメイトを齧《かじ》った。それでも、どうしても栄養が足りないと感じられた時は保健所に戻り、レトルトのパスタ、カレー、カップヌードルを作って食べたり、看護助手が作るブラジル料理（フェジョンという豆を煮込んだものを米にかけて食べる）を分けてもらったりした。

正確に測ったわけではないのだが、滞在中のカロリー摂取量は一日平均千キロカロリー、多い日でも千五百キロカロリーを超えなかったはずだ。足りない栄養はビタミン剤やサプリメントで補給したが、体重はみるみるうちに減っていった。十キロから二十キロは落ちた。筋肉が削《そ》げ落ち下腹が出てくるまで、さほど時間がかからなかった。僕と菅井カメラマンは立ちくらみに悩まされるようになり、エドワルドに至っては空腹の余り幻聴と幻覚に襲われた。

シャボノ内部

それでも、同居を始めた頃はまだ良かった。彼らはよく食べ物をくれたからだ。考えてみれば、僕たちはまだ、ただの「お客さん」だったのだろう。それが、一週間が過ぎると、「あいつらはいつまでいるんだ？」と訝《いぶか》しがる空気が立ち始め、食糧を分けてもらうことは稀《まれ》となった。

そんな時は物々交換で凌《しの》いだ。石鹸《せっけん》をナイフで切り（ロマン・ポランスキー監督の映画『戦場のピアニスト』で、強制収容所に送られる家族が小さなキャラメルを六等分するシーンがあるが、まさにあんな感じだった）、優しそうなヤノマミの囲炉裏に行って、バナナやタロ芋のパンを指さしながら、交換をお願いするのだ。僕たちは〈カミヤマ、ホーリ、マヒィーン（私たち、とても、貧乏）〉

と言いながら、シャボノの中を何度も回った。

「交換交渉」をするため、彼らの方から僕らの囲炉裏にやって来ることもあった。よく来たのが、隣の囲炉裏に住んでいた独身の中年男だった。彼は石鹸を欲しがった。僕らは「交換の品をはずんでくれよな」という思いを込めて、〈カミヤマ、ホーリ、マヒィーン〉と言って石鹸の欠片《かけら》を手渡した。男はアハフーと大笑いして去っていくのだが、その翌日、物々交換の後払い品が囲炉裏の脇《わき》に置かれていた。体長五十センチほどの齧歯《げっし》類《るい》の動物だった。おそらく野ネズミかカピバラだと思うのだが、焼いて食べると、鴨《かも》や雉《きじ》などの野鳥の丸焼きに似た濃密な味がした。

それからも、よく男は石鹸を貰いに来た。清潔な男だなと思っていると、ある時エドワルドが面白いことに気づいた。男は石鹸を手に、独身、あるいは後家さんのハンモックを訪ねていたと言うのである。「これで、今夜、オレと付き合わない?」とでも言っているに違いない。エドワルドはそう力説した。

彼らの言葉を覚える

何とかハンモックを吊り終えた僕たちは挨拶《あいさつ》に回ることにした。挨拶といっても、その時に僕らが知っているヤノマミの言葉は殆ど一つしかなかった。それは〈アウエ〉という単語で、挨拶や同意を示す言葉だった。

〈アウエ、アウエ〉

僕たちは、たった一つの言葉を携えて囲炉裏に近づくと、料理をしていたり、タロ芋をこねていたり、遊んでいたり、眠っている人々に、バカの一つ覚えみたいにアウエと話しかけた。笑顔を返してくれる人もいた。全く無視する人もいた。逃げる子どももいた。怒りとか照れとか侮蔑《ぶべつ》のように感情を露《あら》わにする反応は予期していたのだが、無視は意外だった。いや、無視というより冷徹に区別されているような感じがした。

僕たちは何かひっかかる不安を覚えつつ、シャボノを回り続けた。

言葉のまるで通じない土地を旅した時、大人たちと日常会話を交わすことは稀なことだと思う。「異物」を受け入れてくれるのはバイアスのない子どもたちの方が圧倒的に多い。ワトリキでもそれは同じで、僕たちに関心を持ち、最初に近づいてきたのは十代前半と思われる少年少女だった。彼らは僕たちの服を触ったり、髪を触ったり、手を触ったりしては、アハフーと笑った。

僕たちは、そんな少年少女たちからカメラを向け始めた。その時は何を喋《しゃべ》っているのか全く分からなかったのだが、後日訳してみると、彼らはこんなことを喋っていた。

少年A「あ、〈ナプ（ヤノマミ以外の人間を指す蔑称《べっしょう》）〉が来たぞ」
少女A「本当だ」
少年A「ナプが怖いだろ？」
少女A「怖くない」
少年A「嘘《うそ》つけ！　おまえは怖いだろ？」
少女B「怖くないけど　何を言ってるか分からない」
少年A「ナプは僕たちに話して欲しいんだ。何か話せよ」
少女A「何を話せばいいの？」
少年A「何でもいいよ。喋ればそのうちいなくなるさ」
少女A「じゃあ、これから何する？」
少年A「狩りに行くか？」
少女A「それより川に蟹《かに》を獲《と》りに行こうよ」
少年A「行かないよ。今から行ったら夜になっちゃうよ」

子どもたちは近づいてきた

少女B「森は？」
少年A「おまえは誰とでも森に行くんだな」
少女B「何言ってるの！」
少年A「(僕たちに向かって) 知ってるか？　あいつは誰とでも森に行くんだよ」
少女B「知らない！」

※ワトリキのヤノマミ語を翻訳できる人間はおそらく世界に二、三人しかいない。今回の取材では、サンパウロ大学で人類学を研究し、ヤノマミ族保護のNGOの主要メンバーでもあったルイス・フェルナンド氏と妻のシモーネ・デ・ソウザ氏にテープを送り翻訳を依頼した。また、現場での短いインタビューはワトリキで最もポルトガル語を理解する男（ブラジル名モザニアル）にお願いして通訳をしてもらった。本文中の会話は特に断りがない限り、テープから起こしたものか、現場でのメモをもとにしている。

数日後、彼らの一人が僕たちのハンモックに近づいてきて僕の肌を撫《な》で始めた。僕の肌を見つめながら何度も撫でた後、少年が言った。

〈クレナハ〉

その言葉の意味を知ったのは、ずいぶん経ってからだった。〈クレナハ〉とは「同じ」という意味だった。少年は僕の肌と自分の肌が同じ色だと言ったのだ。

僕たちは彼らとの会話を書き留めながら、少しずつ意思疎通に必要な単語を覚えていった。

カミヤ＝私　カミヤマ＝私たち　カホア＝あなた　ホイダハ＝今日
ヘンナハ＝明日　ウリヒ＝森　バッショア＝猿　ワルア＝豚　ユリア＝魚
シャラクック＝弓　ヤラマフ＝狩り　ショーリ＝友達・仲間　マウン＝水
ワクア＝火・薪の火　ヨッピ＝暑い　サァイン＝寒い　ブラハ＝遠い
アヘット＝近い　ニンニ＝痛い　ワイテエリ＝危ない　ベシマン＝好き
トッディヒ＝きれい・美しい　マリシ＝眠い　ワッシム＝疲れた
イヤオヒ＝腹が減る　ワイスィップ＝少し　マヒィーン＝たくさん
ホイマ＝こっちに来て　ワイハ＝ちょっと待って
コブフル＝来る（または）出ていけ！　アイヨフル＝歩く　ルーラユ＝走る
イヤウー＝食べる　アモアモ＝歌う　シャペリ＝精霊
シャボリ＝シャーマンの祈禱《きとう》

単語帳にはどんどん言葉が増えていった。僕たちは一人でいる時、単語帳を何度も広げ、ヤノマミの言葉を覚えようとした。囲炉裏に遊びに来る子どもたちに聞いてもらったりもした。子どもたちは僕たちのヤノマミ語を聞くと、アハフーと笑った。

同居して間もなく、僕たちは彼らがよく使う単語があることに気づいた。それは、〈ビヒゥ（欲しい・必要）〉、〈ベヘッデ（本当）〉、〈モトカ（太陽）〉、〈ボリバ（月）〉の四つの言葉だった。

〈ビヒゥ〉は英語で言えば、ＷＡＮＴとＮＥＥＤを兼用するような言葉だ。水が欲しい時はビヒゥ＋水、手伝って欲しい時はビヒゥ＋助け、腹が減ればビヒゥ＋食べ物といった具合に、彼らはビヒゥを多用した。また、ビヒゥは緊急性のない希望を伝える場合や挨拶代わり、そして、ビヒゥ＋雲のように、到底無理な要求、つまり冗談を言う時にも使われていた。

彼らはビヒゥを使って僕たちに様々な要求をしてきたが、その場合は聞き流したり、拒否したり、少々冷たく当たっても、彼らの気分を害することはなかった。しかし、ビヒゥより強い言葉である〈ベシマイ〉で何かを要求された場合、断ると大変なことになった。例えば、僕たちがバナナを二本持っていたとして、彼らから〈ベシマイ・ゴライア（バナナが欲しい）〉と言われたとする。その時に、ビヒゥで要求された時と同じように無視したり拒絶したりすると、彼らはあたり構わず悪口を言い始め、しばらくは口を利《き》いてくれなくなった。そして、運が悪ければ〈コブフル！（出ていけ！）〉と言われるのだ。

僕たちは何度も失敗を繰り返しながら、微妙な言葉遣いを覚えていった。

〈ベヘッデ（本当）〉という感嘆詞のような言葉もよく耳にした。

例えば、夕方、男が狩りから帰って来る。狙《ねら》いの哺乳《ほにゅう》動物や鳥は獲れなかったのか、最も獲り易《やす》いという（そしてカロリーも低い）小魚が数匹。余り芳《かんば》しい成果とは言えない。でも、僕たちが身振り手振りを交えて「獲れた？」と聞くと、必ずと言っていいほど「たくさん獲れた」と答える。どう考えても嘘だ。だから、〈ベヘッデ？（本当？）〉と聞き返す。すると、男は少々大げさに頷《うなず》きながら、〈ベヘッデ！（本当！）〉と答えるのだ。

翌日、手ぶらで戻って来た男に同じことを聞いた。

「昨日は獲れなかったね」

「獲れた」

「でも、手には何もなかったよね」

「余りに大きいので森に置いてきた。明日みんなで解体してから持ってくる」

「ベヘッデ？」

「ベヘッデ！」

しばらくすると、ベヘッデはジョークの決まり文句のような言葉であることに気づいた。わざと分かるような嘘をつく時に使って、会話を弾ませるのだ。彼らの会話の中には、そんなベヘッデが何度も登場した。

「森でたくさんの豚を見た」「ベヘッデ?」

「森に知らない女がいた」「ベヘッデ?」

「明日雨が降るぞ!」「ベヘッデ?」

ワトリキの人々は大袈裟《おおげさ》な法螺話《ほらばなし》が大好きだった。彼らはよく、大好物の肉についての法螺話(バクの肉の話が多かった)をして、周囲を笑わせていた。以前獲ったバクについての法螺話、他の集落で見たと言う巨大なバクについての法螺話、獲ってもいないのに、さも囲炉裏にバクがあるかのように語る法螺話。法螺話のパターンはいくつもあった。その度に、〈ベヘッデ?〉や〈ベヘッデ!〉の声がシャボノから聞こえた。

彼らの言葉は、情報を伝えるものというより娯楽の道具のようだった。

僕たちが最も使ったヤノマミの言葉は、おそらく、〈モトカ〉と〈ボリバ〉だ。モトカとは太陽のことで、転じて時間や時計という意味となる。ボリバは月だが、これも転じて月単位のカレンダー代わりに使われていた。僕たちは、彼らに撮影のお願いをする時、モトカとボリバを使い分けて、それはいつ、何時頃のことなのか、何度となく確認した。

例えば、明日狩りに出発する時間を尋ねるとする。訳してしまえば、「明日、何時にシャボノを出発しますか?」なのだが、僕たちは、モトカ（太陽）を指さしながら、以下のように尋ねた。

〈ウェティッタハ（いつ）、モトカ（時間）、シャボノ（家）、フゥ（行く）、ウリヒ（森）?〉

すると、ヤノマミは、地平線を指さし、〈モトカ〉と答える。この場合のモトカは「このあたりの時間」という意味だ。太陽の位置が「時間」だった。東の地平線が朝の六時、真上が十二時、西の地平線は夕方六時。これは単純で分かりやすい。だが、微妙な角度の場合、午後三時なのか、四時なのか、あるいは五時なのか、まるで分からなかった。だから、僕たちは深い森の中で何時間も彼らを待つことになった。彼らがやって来て僕らを発見すると、「ずいぶん待ったみたいだな、時間も理解できないなんてバカだなぁ」とでも言っているかのように、アハフーと笑った。

こうした時間表示は陽が沈むと使えなくなるが、彼らには何の不便もないようだった。そもそも夜は寝るだけで、人と待ち合わせをすることなどあり得ないからだ。彼らにとって、夜とは冗談を言い合い、精霊と交信し、セックスをし、眠るための時間だった。朝日が出て誰かが起き出すまで、ヤノマミの時間は止まっているように思えた。

一方、ボリバは直訳すれば「月」という意味だが、カレンダーのような月単位の時間も意味した。例えば、「あなたの友達はいつこの村に来るのですか？」と聞きたい場合、僕たちは〈ショーリ（友達）、コブフル（来る）、ワトリキ（この村に）、ボリバ？〉と尋ねた。

すると、質問されたヤノマミは、指を折りながら、ボリバと何回か言う。

〈ボリバ、ボリバ、ボリバ〉

三回であれば三か月後か三か月前のはずだった。ただ、僕たちには、それが過去のことを言っているのか、未来のことを言っているのか、最後まで分からなかった。

彼らの言葉を訳してみると、今日の狩りから、数年前に死んだ両親の話、そして天地創造の神々の話までが、時制を自由に行ったり来たりしながら語られていた。今日の獲物の話をしたすぐ後で、大地や川や生き物を創造した神についての話が続き、次に自分が子どもの時の思い出話といった具合に、何の脈絡もなく時間軸が移り変わるのだ。彼らは昨日のことを一万年前のことのように話し、太古の伝説を昨日の出来事のように語った。

彼らは僕たちをナプと呼んだ

少しずつ言葉を覚え、コミュニケーションできる人数を増やしながら、僕たちの同居生活は進んでいった。しばらくは、何も起きない平和な日々が過ぎた。おそらく、僕たちの同居を天から誰かが見ていたとすれば、とても順調に映ったに違いない。だが、それはあくまでも、表面的な平和に過ぎなかった。彼らの口から、ある言葉が発せられた瞬間、彼らと僕たちの関係はふりだしに戻ったのだ。

それは、何の目的もなしに僕たちがシャボノを回っている時だった。突然、一人の男が僕たちの前に立ち塞《ふさ》がった。そして、喚《わめ》き散らしたり、意味不明の呪文《じゅもん》を唱え始めた。僕たちはカメラを置いて地面に正座《せいざ》するしかなかった。正座することに何の意味も効果もないのだが、言葉に威圧されて正座するしかなかったのだ。

男が物騒なことを口走っているのは、何となく分かった。ただ、何を言っているのか、まるで分からなかった。僕たちは嵐《あらし》が過ぎるのを待った。男を見上げると、鼻の下が真っ黒になっていた。〈エクワナ〉という幻覚剤を吹き込んだ直後のようだった。とすれば、男はシャーマンに違いない。ならば、少なくとも敵であるような身ぶりをしてはならない。「シャーマンが殺せと言えば、集団はヒステリー状態となる」と、一九七〇年代にヤノマミの集落に長期滞在した人類学者の本で読んだことがあったからだ。ここはひたすら柔和な表情を作り、じっとしているしかない。そう思った。

実際、男はこのようなことを叫んでいた。

「聞いているか！　聞こえているのか！　私の声が聞こえているのか！

お前らは敵か？　災いを持つ者なのか？

敵でないとすれば味方か？　味方なら何かいい報《しら》せを持ってきたのか？

本当は何なのだ！　味方か？　敵か？

〈ナプ〉なら殺すべきなのか？　この〈ナプ〉をどうするか？」

〈ナプ〉とは「ヤノマミ以外の人間」、あるいは「人間以下の者」を指すヤノマミの言葉で、敵意と差別が込められた最大級の蔑称だった。世の中には様々な蔑称・差別用語があるが、アマゾンの奥地で聞いたナプという蔑称ほど、冷たく、恐ろしく、肝が縮み、心がザワザワと騒ぎ、耳にこびり付いて離れないものはなかった。

どんな言語でも侮蔑の言葉は語感が禍々《まがまが》しい。だからなのか、ヤノマミの言葉を殆《ほとん》ど知らなかった僕らでも、ナプという言葉だけは聞き取ることができた。やはり、差別される方は直感的に分かるものなのだ。

男は、斬《き》り捨てるように、投げ棄《す》てるように〈ナプ〉と言い放ち、僕たちの周りをぐるぐる回りながら、呪文のような言葉を発し続けた。そして、長い時間が過ぎたのち、「もういい、行け」とだけ言うと、筋肉のせり上がった背中をこちらに向けて、その場から立ち去った。

シャーマンの恫喝《どうかつ》は何とか事なきを得たのだが、すぐに別の事件が起きた。それは、町から買ってきた土産を彼らに配った時のことだった。

ヤノマミの世界では、招かれた者は何らかの土産を持参していかねばならない。土産があって初めて、迎える側もそれ相応の礼節を持って迎え入れる。僕たちは彼らを無用に「文明化」しないように慎重に品物を選び、ワトリキまで持っていった。鍋、ナイフ、釣り糸、釣り針、マッチ、石鹸《せっけん》。選んだ土産は彼らが既に使っているか知っているもので、しかも中々手に入り難《にく》いものだった（彼らはそうした品々をNGOや政府機関からのごく稀《まれ》な配布、あるいは他の集落との物々交換で手に入れる）。

土産を持ってはきたものの、誰にどうやって、どういう順序で配ればいいのか、僕たちにはよく分からなかった。仕方なく、彼らの前に土産を並べ、欲しがった物を渡すことにした。誰と誰が家族だとか、誰が実力者だとかというディテールをまだ殆ど知らなかったから、えこ贔屓《ひいき》もせずに公平に、それでいてどこかアバウトに、持参してきた土産を配った。

ものの十数分で全てを配り終えた。土産を受け取る彼らの表情はみな嬉《うれ》しそうだった。お返しなのだろうか、優しそうな顔をしたヤノマミの一人がバナナの一房を持ってきてくれたりもした。僕たちも満足した。これでスムーズに同居が始まる。そう安《あん》堵《ど》した。

だが、日が暮れた頃、屈強な男たちが森から戻って来ると、事態は一変した。男たちは狩りに行っていた連中だった。仲間から聞いたのだろう。自分も土産を貰《もら》おうと僕たちのところにやって来たのだ。男の言葉はまるで分からなかったが、「おれにも土産をくれ」と言っていることぐらい、何となく分かった。分かったから、分からないフリをした。男にあげる土産など、残っていなかったからだ。男は粘った。何度も何度も、身振り手振りを交え、「釣り針をくれ、ナイフをくれ」と言った。ナイフの形態模写ほど分かりやすいものはない。いい加減、分からないフリをするのが難しくなってきた。男も分かったのだろう。無表情に僕たちを睨《にら》むと、あの一語を言い放って去っていった。

〈ナプ、××、△△……〉

他の単語は分からなかったが、ここでもナプという言葉だけは聞き取ることができた。男の言葉に周囲のヤノマミがすぐに反応した。僕たちの囲炉裏に遊びに来ていた石鹸好きの隣人もすっと離れていき、子どもたちも家族の囲炉裏に帰っていった。男はシャボノの中を歩きながら、僕たちの悪口を言い続けた。〈ナプ、××、△△……〉。どんどん反応が広がった。その都度、人々は納得して頷いているように見えた。あいつらはナプなのだ、と。

男が言い放ったナプの一語で、僕たちは「圧倒的少数の他者」として、あっという間に峻別《しゅんべつ》されてしまった。土産をあげた人間にまでナプ扱いされる筋合いはないから、それはとんだ災難でもあったのだが、それから二、三日、僕たちの囲炉裏には誰もやって来なかった。

ナプの一語は、彼らと僕たちを一瞬のうちに隔て分ける魔法の言葉だった。誰かがナプと言った瞬間に彼らは一つにまとまり、僕たちは他者となった。ついさっきまで楽しげに話したり歌ったりしていたとしても、関係はなかった。ナプの一語は万能の神がかける呪《のろ》いの言葉のように、瞬時に僕たちを遠くへ追いやり、懸命に積み上げようとしてきた関係が一気に崩壊する合図となった。


二回目の訪問（二〇〇八年一月）の時は前回の失敗に懲《こ》りて、ちょっと工夫をした。中堅のリーダー格の男夫婦（一回目の訪問の時に家系図を作っていたので、二人が集落のナンバー1の長老の長男とナンバー2の長女の夫婦であることを知っていた）に全ての土産を渡し、彼らに分けてもらおうと考えたのだ。

夫婦は集落の人々を集め、「XXX（人名）のナイフは大分古いからXXXにはナイフだな」とでも言っているかのように、集まった全員に同意を取りながら土産を分けていった。夫婦は年配の者には多めに、年少の者や新参者には少なめに土産の品を渡していった。中々考えた配分法だと思った。

全員に意見を聞いて合意を取っていくという「直接民主主義」的な渡し方だったこ

ともあり、全ての土産を渡し終わるまで一時間以上かかったのだが、土産がなくなった時、夫婦は感謝の意味に違いない微笑《ほほえ》みを浮かべて自分たちの囲炉裏に戻っていった。

二人の表情には仕事をやり遂げた満足感のようなものが確かにあった。僕たちも満足した。これなら、何も問題は起きないだろうと思った。だが、その夜、僕たちがハンモックで休んでいると、一人の男がやって来て何やらまくし立て始めた。「土産はどうした。あの夫婦ではダメだ。どうして俺に分けさせないのだ。俺のナイフも古いのだ」と言っているようだった。慌《あわ》てた僕らはすぐにハンモックから飛び起き、直立不動の姿勢をとった。誠意を見せなければ、と本能的に思ったのだ。だが、何も変わらなかった。こちらの意図などお構いなしに、男は僕らに罵声《ばせい》を浴びせ続けた。

ヤノマミの言葉は反復だ。同じことを何度も何度も繰り返す。ナイフは古い。ナイフは古い。俺にはナイフがない。俺にはナイフがない。どうしてあいつらが渡す。どうして……、と延々と繰り返す。こちらは怒ったり、面倒臭そうな表情をしてはならない。ひたすら耐えるしかない。僕たちは敵意がないことを示す意図から、笑いながら頷《うなず》き続けた。ハンモックの傍に突っ立ったまま、「分かる。分かるよぉ。すまないね。本当にすまないねぇ」みたいな感じの表情を浮かべ続けた。男が根負けして「仕方ない」と思うまで笑い続けるつもりだった。だが、男は諦《あきら》めない。けっして諦めない。ヤノマミは粘り強い。長期戦になると、根負けするのはいつも僕たちの方だった。何時間か経《た》ち、根負けした僕らが「疲れた」「もう、うんざりだ」のような表情をしてしまった時、男は反復する言葉を突然止《や》めると、例の冷たい表情を浮かべてこう言った。〈ナプ、××、△△……〉。一回目の訪問と同じように、その一言で人々は一斉に引いていってしまった。数日我慢すれば関係はある程度元に戻るのだが、以来、その男は一度も僕たちの囲炉裏に来ることはなくなった。シャボノですれ違っても無視されるようになった。

ただ、こんな〝ナプ〟はまだまだ序の口だった。病人が出た時。出産に手間取った時。嵐が止まない時。僕たちは何度か、あの冷たいナプという言葉を聞くことになった。ナプがいるから病人が出た。ナプのせいで子どもが産まれない。ナプが悪い精霊を運んできたから嵐が続く……。その度に集落を追い出されるのではないか、あるいは、最悪殺されるのではないかと心底不安になった。圧倒的少数の他者であることの恐怖と孤独を味わった。だから、病人が快癒した時、子どもが無事に産まれた時、嵐が静まった時、僕たちはシャボノの人たち以上にホッとした。

先住民の逆鱗《げきりん》に触れて命を落とした者は少なくはない。探検家、伝道師、開拓者、政府の役人。多くの人間が「文明」社会の規範では理解できないことで命を落とした。あるいは、殺されないまでも、信頼関係は崩れ二度と元には戻らなかった。

人ごとではなかった。例えば、誰かが病気になったとして、僕たちの誰かが「ヒューマニズム」の立場から薬を与えたとする。しかし、薬が強過ぎたか、先住民にアレルギーがあったかして、その人間が死んでしまった場合、おそらく僕たちは殺されていただろう。先住民の女（特に有力者の妻）に言い寄られて、仕方なく（いくぶん男の論理だが）事に及び、それが女の夫や家族に露見した場合も殺されていただろう。僕たちが大事に巻き込まれることがなかったのは、彼らだけの領分（シャーマニズム・儀式・祝祭など）に土足で入り込まなかったこともあるだろうが、つまるところ、ただの幸運に過ぎなかったと思う。

同居して六十日が過ぎる頃になって、僕たちは「ナプ攻撃」を避ける方法を編み出した。

何かしらの問題が起きると、数キロ先にある政府の保健所に隠れることにしたのだ。そして、時間をかけて、彼らとの神経戦に挑むのである。彼らは噂《うわさ》をしているはずだった。どうしてナプは出ていったのだ？　怒っているのか？　帰ってしまうのか……？

二、三日すると、気の優しいヤノマミが様子を見に来た。そして、簡単な会話を交わす。「みんな元気か」とか「猿は獲《と》れたか」のような他愛のない会話を交わす。そのヤノマミは僕らとの会話をシャボノに戻ってみんなに話す。そして、翌日また来る。その時、そのヤノマミの表情が優しそうであれば、僕たちはシャボノに戻った。明らかに歓迎していない者もいたが、殆どの場合、優しく迎えられた。僕たちの囲炉裏には、まずは子どもたちが、次に長老格の年長者が、最後に女たちがやって来た。そうして、再同居が始まり、しばらくしてまた誰かがナプと言って関係が険悪となり、保健所に隠れ、神経戦が始まり、再々同居に至る……その繰り返しだった。

彼らと距離を取ったり縮めたりしながら、僕たちは緊張を解くことのできない居《い》候《そうろう》生活を続けた。

男たちの一日

僕たちが最初にしたのは、彼らの家族関係を調べることと日常を観察することだった。
囲炉裏の配置を見ると、彼らが大家族で固まっていることが分かる。父と母がいて、その隣には長男夫婦、その隣には次男夫婦、その隣には父の弟夫婦といった具合だ。だが、男系なのか女系なのかについては、まちまちだった。男が婿《むこ》入りする例も少なくはなかったからだ。二回目の訪問の時に土産を配ってくれた男(集落ナンバー1の長男)はナンバー2の長女を娶《めと》ったのだが、囲炉裏の場所は義父母の隣だった。当時の力関係なのか、親同士が話し合って決めるのか定かではなかったが、嫁いだ方(男でも女でも)は、よく実家の囲炉裏に遊びに行っていた。そして、バナナや薪を持たされて、夕方になると自分の囲炉裏に帰っていった。
彼らの日常は規則正しかった。例えば、四十歳前後の男は以下のような一日を送っていた。
5:00　起床
5:30　洗顔のため川へ
6:00　朝食(焼きバナナ六個)
6:30　弓矢の手入れ

7:00　狩りへ（狩りの最中に森で木の実を食べる）
16:00　狩りから戻り水浴び
17:00　蒸し魚を二匹とタロ芋のパンを一切れ
18:00　再び水浴び
19:00　ハンモックで転寝《ごろね》・近所の男と雑談
21:00　就寝

ヤノマミの男にとって、一日の最大のイベントは、おそらく狩りだ。彼らは、動物性タンパク質の殆ど全てを、狩りによって得る動物に依存している。だから、男にとって狩りとは、手ぶらで帰ってくるわけにはいかない、重要な責務でもあった。

後日、男の一人に、ヤノマミにとってどんな男が〈ワロア・トッディヒ（いい男）〉なのかと尋ねると、長老格の男がこう答えた。

「狩りの上手な男がいい男だ。ヤノマミの男はみんな狩りが上手だ。ヤノマミはたくさん狩り、たくさん食べる。たくさん食べれば病気にならない。病気にならなければ、いつでも簡単にアララ（金剛インコ）を殺すことができる。アララを食べると、身体はもっと強くなる。よく働き、食べ、子どもたちにも食べさせ、身体が強く、子どもたちを痩《や》せさせない。それが、ヤノマミの男だ。いい男は満腹で眠ることができる。食べ物が残れば翌日も食べることができる。だから、狩りが上手な男こそヤノマミの男だ」

ちなみに、ワトリキの女たちも同じ質問にこう答えている。

「ヤノマミの男は狩りが上手でなければならない。狩りに行くには病気にならない男でなければならない。家に帰ってきたら一緒に寝てくれなければならない。お腹がいっぱいになれば、一緒にぐっすり眠れる。男はそうするものだ」

男たちは日の出とともに森に行き、陽が沈むまでに帰って来る。午後五時頃、狩りから戻った男たちが自分の囲炉裏端に獲物を下ろすと、すぐに家族が集まった。だが、獲物は草で編んだ袋に包まれていて、どんな動物なのかは分からない。家族の誰もが、それが気になってしょうがない様子だった。子どもにいたっては、縫い目から指を入れ中身を取り出そうとさえしていた。だが、肝心の父親は荷を解こうとはしない。中身にはまるで関心がないような素振りでハンモックに寝転がってしまう。荷を解くのは、いつも女たちか子どもたちだった。だが、誰かが荷を解き、家族から喜びや驚きの嬌声《きょうせい》が上がると、ハンモックに寝転がっていた父親はちょっとだけほくそ笑む。「どうだ、すごいだろ」と言わんばかりにほくそ笑む。

そんな光景が面白く、男が狩りから戻り荷を下ろすと、その一部始終を撮影した。

後で翻訳すると、家族はこんなことを話していた。

長男「お父さんが帰って来た！」
次男「何が入っているのかな」
長男「きっとワニだ」
三女「バクだよ」
長男「違うよ、太ったワニだよ」
次女「(包みを開いた後) ワニだ！　お父さんはすごい！」
長女「どいてよ、私が切るから」
次女「見て、見て、ワニの脂肪が外に出てる。肝臓も出てる」
長女「みんな離れて！　切る時、あんたたちも切ってしまうから」
三女「お父さん、このワニは凶暴だったね」
父親「凶暴だったよ。でも、お父さんは狩りが上手《うま》いから仕留めることができたんだ」
三女「お父さんは狩りが上手いんだね」
父親「お父さんは狩りが上手いんだ」
次女「あっちの囲炉裏でもワニを捌《さば》いてるよ！」
長女「みんな狩りが上手いんだね」
三女「違うよ！　お父さんが一番上手いんだ！」

だが、狩りに行かない日、男たちはゴロゴロしているだけだった。ハンモックでゴロ寝をし、起きたかと思うと友人のところに雑談に行ったり、川に水浴びに行ったりしていた。そして、話し疲れると、またハンモックでゴロ寝するのだ。僕たちの社会の尺度からすると、どうしても怠け者のように見える。だが、どうして狩りに行かないのかと尋ねると、彼らは逆にこちらをバカにするかのような表情でこう言った。

「食べ物は十分に間に合っているのに、どうして獲りに行かねばならないのか」

祝祭のための狩りを除けば、彼らは腹が空《す》かない限り狩りには行かない。好きな時に眠り、腹が減ったら狩りに行く。起きて、食べて、出して、食糧がなければ森に入り、十分に足りていれば眠り続ける。「富」を貯め込まず、誇りもしない。男たちは、森で生きてゆくことの合理性のようなものを身に付けているようだった。

女たちの一日

女たちは一日中働き続けているように見えた。三人の子どもがいる四十代後半と思われる女の一日は以下の通りだった。

5:00　起床
5:40　朝のお通じと囲炉裏の掃除
6:00　朝食（バナナをドロドロに煮詰めたもの）
6:30　川へ水汲《く》みと水浴び
7:00　畑へ（砂《さ》糖黍《とうきび》植え・雑草取り）
10:00　シャボノへ戻り囲炉裏の掃除
11:00　編み籠《かご》作りと孫の子守り
14:00　森へ（キノコ採り・薪集め・途中でパパイヤを二個食べる）
16:30　シャボノに戻り水浴びと水汲み

17:00　夫が獲ってきた陸ガメを料理（バナナの葉に包んで煮る）
18:30　夕食（カメの煮込みとタロ芋のパン）
20:00　就寝

怪我《けが》をした男や老人が手伝うこともあったが、開墾以外の畑仕事は女の仕事のようだった。女たちは一日の大半を畑で過ごしていた。

ワトリキのヤノマミは家族ごとに畑を持ち、主食であるタロ芋のほか、バナナ、パパイヤ、砂糖黍などの果実を栽培していた。畑はいわゆる焼畑式だった。森の木を切り倒し、乾かした後で火を放ち、雨季が来る前に作物の切り株を植える。そうすれば、タロ芋は半年で、バナナやパパイヤは一、二年で実をつけた。数年で土地が涸《か》れると、別の区画に移り同じことを繰り返す。家族四人分のタロ芋畑を作るためには一ヘクタールほどの土地が必要で、数年に一度は広大な森を開墾することになる。

女たちの畑仕事はいつも集団で行われた。親戚《しんせき》同士の場合が多かったが、仲のいい友人同士という場合も少なくはなかった。そんな時、畑からはいつも女たちの笑い声が聞こえた。女たちはお喋《しゃべ》りをしては笑い、飛ぶ鳥を見ては笑い、夫や家族の噂話をしては笑っていた。その表情からは、農作業が女の務めであるといった重々しさは微《み》塵《じん》も感じられなかった。

畑に行く途中や帰り道、誰かが突然森に走って入っていき、紅い実のついた枝を持ってくることがあった。すぐに、紅い実の周りに人垣ができ、全員が実を磨《す》り潰《つぶ》して身体に塗り始める。額、頬、乳房、背中、腕、足。女たちは夢中になって身体の隅々を線や点で飾った。

女たちは畑仕事の最中でもよく身を飾った。誰かが紅い実を見つける度に、畑仕事はしばし中断となった。そんな時も笑い声は絶えなかった。一人が笑い出すと、笑いは全員に伝染し、畑の中で大勢の女たちの乳房が揺れた。

女たちにも、どんな女が〈トゥーア・トッディヒ（いい女）〉なのか聞いてみた。殆どの女が異口同音にこう答えた。

「健康で、タロ芋の料理が上手で、薪を毎日集め、釣りが上手で、蟹を捕まえることが上手な女がいい女だ。病気じゃなければ、私は全部できる」

自分がいかに強いか、仕事をきちんとこなしているか、女たちは挙《こぞ》って力説した。確かに、ヤノママミの女たちは強かった。森を何十キロ歩いても平気だったし、薪や収

農作業中の休憩

穫した作物を入れた、重さ三、四十キロはあろうかという籠を楽々と背負っていた。

男は狩りで女は畑仕事。それがヤノマミにおける男女の責任分担なのかもしれない。だが、その仕事ぶりを見ていると、僕たちの社会で誰かが「責任」と口走った時に見え隠れする気負いや押しつけがましい感じがまるでなかった。僕たちには、彼らが楽しみながら、自由に「責任」を果たしているように見えた。

天の入り口であるシャボノが丸いからなのか、森がどこまでも深いからなのか、人々の一日はとてもゆったりとしているように感じられた。狩りに行き、畑に行き、身を飾る。ちょっとした諍いが起きても、しばらくすると何もなかったかのように自然に収まる。そして、いつもどこかで、誰かがアハフーと笑っている。

ワトリキには、僕たちの社会にはない時間が流れているようだった。

第二章　雨が降り出し、やがて止む

森の時間

ある日、遠くから真っ黒な雲がやって来てワトリキを覆った。最初はポツリと始まったが、すぐに猛烈な雨となった。稲妻が走り、昼だというのに周囲は夜のように暗く沈んだ。

「ワイマウパリの群れが南に飛び去ったから、雨が降り始めた」

ヤノマミの誰かがそう言った。雨は夜も降り続け、朝になっても止まなかった。

深い森の中で長く雨に晒《さら》されていると、いつから雨が降り始めたのか、思い出せなくなってくる。いつまでこの雨が続くのか、それもどうでもよくなる。雨は考える気力を奪い、僕たちを寡黙《かもく》にさせた。

雨が降り続くと、男たちは狩りにも行かずシャボノでブラブラしているだけとなった。音を頼りに動物を探す男の狩りは雨が降ると難しくなるからだ。歩いたり、眠ったり、話したり……雨が止むまで、男たちはいつも暇そうにしていた。

女たちも外には出なかった。畑にも行かず、ハンモックに腰掛けて籠を編んだり、紅《あか》い腰巻きを作ったりして、一日を過ごしていた。シャボノの中はとても静かだった。

僕たちもやることがなかった。彼らの日常風景は既に何度か撮影していたし、はっとするような事件はまるで起きなかった。ただ、雨だけが降っていた。

そんな時は、ハンモックに寝転がって本を読むことにした。時間は有り余るほどあると思ったから、僕は小説・紀行・ミステリーなど、様々なジャンルの本を持ってきていた。その中から、気晴らしになりそうなミステリーを選び、読み始めた。だが、中々活字が頭に入らず、ページが進まない。思えば、本の舞台は僕らの社会のどこかで、飛行機が飛び、町は明るく、洒落《しゃれ》た恋愛模様があり、主人公は何かに急《せ》かされているのが常だった。それは、僕の目の前にある風景や時間とは余りにもかけ離れていた。

一方で、ガルシア・マルケスやリチャード・ブローティガンの非現実的で不思議な物語はするすると頭に入ってきた。ガルシア・マルケスの『百年の孤独』は三回目の通読だったのだが、以前読んだ時以上に夢中になった。その世界観はより濃密かつ豊《ほう》穣《じょう》に、余韻はさらに深く、そして何よりも、小説なのに不思議なリアリティを感じるようになった。例えば、「四年と十一か月と二日雨が降り続いた」という挿話があるのだが、そんな法螺話《ほらばなし》も、ここにいると実話のように思われてくるのだ。四年と十一か月と二日、このまま雨が降り続けたとしても、何の不思議もない。そう思えてくるようになった。

ただ雨だけが降り続ける毎日。雨は時間の感覚を奪い、森の中で生きることの無力さを知らしめ、同時に無力であることを心地よくさせた。

ここにはまるで違う時間が流れているようだった。僕は時計を見ることが少なくなっていった。

始まりと終わり

ワトリキの一日は〈ヘレアムゥ〉で始まり〈ヘレアムゥ〉で終わる。

ヘレアムゥとは言わば訓話のことで、ワトリキでは起床直後と就寝前の時間（朝は五～六時、夜は八～九時）にほぼ毎日行われた。誰が話してもよく、話すネタや話す場所も自由だった。みんながシャボノにいる時は、話したいことのある者が中央の広場に進み出て話し、集団で狩りに行っている時のように森の野営地にいる場合は、ハンモックに寝転がったまま話した。

ヘレアムゥでは話されるテーマが実に幅広かった。例えば、祭りや収穫時期の伝達（「××で祭りがあるから行くぞ！」「バナナがたくさん実っているぞ！　早く食べないと腐ってしまうぞ！」）もあれば、注意事項の通達（「××の茂みに蛇がいたぞ！　子どもたちは気をつけろ！」）とか森の獲物についての情報（「森で豚の大群を見たぞ！　みんな寝ていたぞ！　たくさんいるぞ！　明日朝一番に狩りに行くぞ！」）もあった。隣村から帰って来た者が訪れてきた集落の情報を話すこともあったし、天の精霊と交信していたシャーマンがそのお告げを話す時もあった。

同居を始めた頃、僕たちについてもヘレアムゥでこう伝えられた。

「今いるナプは敵じゃない。安心してくれ。災いを運んできたのではない。彼らはヤノマミを知りたいと言っている。みんなで教えてあげなさい。食べ物は分けてやり、一緒に食べなさい。バナナを与える時は、こんなバナナが採れる土地は素晴らしいと言って渡しなさい。歌も聞かせてあげなさい。ヤノマミがどれほど強いかも見せてあげなさい。顔を塗って、飾った姿も見せてあげなさい。そうすれば、ナプは喜ぶはずだ。情けない姿は見せないようにしなさい。怠け者だと思われないようにしなさい。ナプより早く起きなさい。シャボノでウンコをしたら、すぐに片付けなさい」

こんなこともあった。

ある男がヘレアムゥで「女たちは浮気ばかりしている」と批判した。すると、別の男が出てきてこう反論した。「〈モシ（男性器）〉が男のものであるように、〈ナ（女性器）〉は女のものだ」。

つまり、旦那《だんな》がいようと恋人がいようと、性関係を結ぶのは女の自由だと言うのである。確かに、百五十日の同居で見聞した限り、ヤノマミの人々は性に大らかだった。いわゆる「不倫」は日常茶飯事で、身体だけの関係や遊びにしか思えない性交渉も多かった。一方で人類学の研究書に書かれているような性に関する禁忌は殆どなかった。だから、多くの家族で明らかに顔が違う子どもが産まれたりした。ある母親がこう言った。「いろいろな人と〈ワンム（性行為）〉した方が楽しいとみんなが言うから、隣村に行った時、男たちとワンムした。五人の子どものうち、二人はその時の子どもだ」

ヘレアムゥは短くて三十分、長いと二時間にも及んだ。最初は、「何を言っているのだろう」とか「早く終わらないかな」と思ったものだったが、そのうちに何も気にならなくなった。彼らにとっても、ヘレアムゥは正座して聞くようなものではなく、僕たちの社会で言えば家族が団欒《だんらん》する居間でつけっ放しになっているテレビのようなものだった。

違いがあるとすれば、反復が非常に多いことだ。同じニュースが何度も何度も繰り返し伝えられるのである。ヤノマミを研究する人類学者によれば、それは彼らが文字を持たないことと関係があるという。文字を持たないヤノマミにとって、必要な情報は言葉で伝えるしかない。聞く方にしても、情報が記録になって残るわけではないので、大切なことは全て記憶しなければならない。だから、情報は何度も何度も繰り返して伝えられるというのだ。

季節にかかわらず、彼らの一日は、朝のヘレアムゥで始まり夜のヘレアムゥで終わる。僕たちも、ヘレアムゥとともに起き、ヘレアムゥとともに眠るようになっていった。

ラシャの実が染まり始める

ワトリキでは九月から二月までが乾季で、三月から八月までが雨季となる。乾季の一月、シャボノの近くに生える椰子の実が紅く染まり出した。すると、男たちが集まってきて椰子の木の下に車座となり、木の実を指さしながら何やら話し合いを始めた。話し合いは昼前から始まったが、時間とともに参加する者が増え、次第に熱を帯びていった。

彼らが指さしていたのは、〈ラシャ〉という名の椰子だった。この頃、ラシャの実が紅く染まり出す。ワトリキの男たちはラシャの実がいつ熟すか、熟した時にどのように収穫するか、誰が木に登って実を採るのか、延々と話し合っていたのだ。

ラシャは茹《ゆ》でると栗《くり》のような味がし、搾《しぼ》って飲み物にすると酸味が加わってオレンジジュースのような味となる。サンパウロやリオデジャネイロなどの都市部では余り見ることはないが、アマゾンではブラジル人も大好きな果実（ブラジル名ププーニャ）

だった。

男たちの熱気にはわけがあった。ラシャの実が完全に熟した時、ラシャの祭りが始まるのだ。それは、人々が毎年楽しみにしているワトリキ最大の祭りでもあった。だが、実が熟するのはまだまだ先のことのように思われた。一部はうっすらと熟し始めてはいたが、殆どは青い果実のままだったからだ。それでも、男たちは連日のようにラシャを見上げながら話し合いを続けていた。話し合うこと自体を楽しんでいるようにも見えた。

ハナナリゥに行く

「みんなで魚を獲りに行く。準備を急げ！」

一月半ばの未明、ヘレアムゥで、長老らしき男がそう言った。

女たちは畑にタロ芋を取りにいった。タロ芋から主食となるパン（ナンのような形をしている）を作るようだった。タロ芋を擦り、絞って水分を抜き、焼き、天日で丸一日干すと、彼らが〈ナシュヒク〉と呼ぶパンが出来る。ナシュヒクは日もちがし（二週間以上もつらしいが、どんどん発酵が進み臭いがきつくなるため、僕らには「五日落ち」が限界だった）、彼らは遠出をする時には必ず持っていく。ナシュヒクは主食であり、保存食でもあった。

ナシュヒクが出来るまで二、三日はかかるのだが、その間、男たちは長老の囲炉裏に集まり、ラシャの実が染まり出した時と同じように、何やら話し合いを始めた。誰が漁に行き誰がシャボノに残るのか、議論を重ねているようだった。保安上、彼らはシャボノを無人にはしない。どんな時も一定数の人間を残す。結局、十二家族・六十人ほどが参加し、それ以外の家族はシャボノに残ることになった。

彼らは共同で獲った獲物を全員に公平に分配する。だから、留守番になったとしても食いっぱぐれることはないはずなのに、残ることになった者たちはどこか不機嫌そうだった。その脇で、参加が決まった者たちは草を編んで大きな包みを作り、二、三十枚はあろうかというナシュヒクを詰め込んでいた。みんな、ウキウキしているように見えた。

どこに行くのかと聞くと、彼らは〈ハナナリゥ〉だと言った。大きな川のようだった。どんな川なのかと重ねて聞くと、男たちはその問いに直接は答えず、右手の人さし指で左手の五指を一本一本指しながら、魚の名前をいくつも挙げ始めた。ナマズ、ウナギ、ピラニア、ピラルクー……。男たちの言い方は、日本人が好きな寿司ネタを挙げる時によく似ていた。

ハナナリゥに出発したのはヘレアムゥの三日後のことだった。

ワトリキからハナナリゥまでは直線で三十キロ弱。森の道は蛇行しているので、実際の距離は四、五十キロというところだった。

聞くと、男と女・子どもは別々に行くという。森を歩く速さが違うからだった。僕たちは長老の一人に頼み込み、女たちと一緒に行きたいと伝えた。男たちのスピードについていく自信がないからだ。僕たちの申し出は了承されたが、女たちとナプだけにするわけにはいかないのか、「警備役」として二人の男が加わることになった。

夜明けとともに僕たちはシャボノを発ち、警備役の二人の男、十人ほどの女、そして僕ら三人という隊列となってハナナリゥを目指した。先頭の男は女のペースで歩いているはずだったが、それでも凄まじい速さだった。僕たちは足がもつれたり、地面を這《は》う蔓《つる》に足を引っ掛けたりして、何度も転んだ。

途中、女たちが「男なら先頭を歩け」と言った。冷やかしているようだった。先頭を歩く者は危険を察知し、後方に伝えねばならない。僕たちには枯れ木の裏側に潜む茶色の蛇や、木にぶら下がっている緑色の蛇を瞬時に見分ける動体視力がない。丁重にお断りすると、女たちは、何かとてつもなく面白いものを見たかのように、けたたましく笑った。

二、三時間も歩き続けると、僕らの足取りは重くなっていった。先頭を歩けないばかりか、女たちからも離されるようになった。女たちは三十キロ近い荷物を担《かつ》いでいるのに、僕たちの荷物はせいぜい七、八キロ。それでも離されるのだ。僕たちは何度も〈ワイハ！（待ってくれ）〉と懇願し、休憩を求めた。その度に、女たちがけたたましく笑った。

結局、その日は目的地まで着くことができず、森に一泊することになった。野営する場所が決まった途端、警備役の男があっという間に灌木《かんぼく》を切り倒してスペースを作り、蛇が来ないように地面の草木も刈り取った。僕たちは礼を言ってハンモックを張ろうとした。すると、男が「おまえたちはここではない。あっちだ」と言った。「あっち」とは、女たちから最も離れた茂みの中だった。

ハナナリゥ

翌日、野営地でナシュヒクだけの簡単な朝食をとったあと、僕たちは再び森を歩いた。四時間ほど歩くと、幅が十〜二十メートルはある川が見えてきた。ワトリキの近くにはこれほど大きな川はなかった。ハナナリゥのようだった。

その時、僕らの後方から男たちが歩いてきて、颯爽《さっそう》と抜かしていった。今朝ワトリキを出た男たちだった。男たちは四、五十キロの道を五、六時間で歩いてきたのだ。

ハナナリゥに着くと、その日から漁が始まった。男たちが「ハナナリゥには魚がたくさんいる。いくらでも釣ることができる」と言っていたが、まさにその通りだった。僕たちも何日か釣りに同行したのだが、まさに入れ食い状態で、次から次へと魚が釣れた。

餌《えさ》は事前に釣っておいた十センチほどの小魚だった。小魚の切り身を餌にして、より大型の魚を狙うのだ。

最も釣れたのはピラニアだ。餌がなくなると、釣ったピラニアを切り身にして釣り針につけた。すぐにピラニアが食いついてきた。彼らはピラニアの切り身でピラニアを釣った。


小舟で釣りに行くのは男だけで、女と子どもたちは森の野営地に残った。暇を持て余すと、女たちは近くの小川で小魚を釣った。

男たちが漁に出掛けている間のことだった。若い女たちが釣りをしていると、漁に行かなかったらしい若い男がやって来て一緒に釣り始めた。そして、釣れたと言っては大笑いし、逃がしたと言っては大笑いをしていた。釣果《ちょうか》など関係なく、思春期の男女が楽しそうに遊んでいるように見えた。僕たちの社会で言えば、ハナナリゥでの漁は家族で行くピクニック、あるいは若い男女が楽しむ屋外キャンプのようだった。

男たちの漁について行くと、僕たちも釣れと言われた。エドワルドが挑戦し、三匹のピラニアと一匹の大ナマズを釣り上げた。その夜のヘレアムゥではその奮闘ぶりが語られた。

「ナプが釣ったぞ！　たくさん釣ったぞ！　ヤノマミも負けてはいられないぞ！」

すると、誰かがすぐに合いの手を入れた。

「ナプは舟の上で脅《おび》えていたぞ！　そんな奴《やつ》らに負けるはずがないぞ！」

森の中に、彼らのアハフーという笑い声が響いた。

ハナナリゥでの漁では推定三百匹の魚が釣り上げられた。野営地の中央に五メートル四方の巨大な燻製台《くんせいだい》が作られ、そこで魚は燻製となった。覗《のぞ》いてみると、殆どがピラニアとナマズだったが、二メートルを超える電気ウナギや、見たことのない斑《まだら》模様の巨大な魚もあった。

ハナナリゥではワニや鳥も捕まえられた。ワニを獲る場合、一メートル未満まで近づき矢を射るのだが、僕たちが目撃した唯一《ゆいいつ》の機会では、矢はワニに刺さることなく跳ね返ってしまった。川面《かわも》で睡眠中だったワニは水中に逃げ、木製の矢じりは先が粉々に割れた。そして、割れた矢じりを見た男たちがアハフーと笑った。

ハナナリゥに到着して六日目の夜、長老の一人が「明日帰る」とヘレアムゥで言った。すると、誰もが後片付けを始め、漁はあっけなく終わった。

こんなに釣れるのなら、しょっちゅう来ればいいのにと思った。だが、彼らは年に一度しかハナナリゥに漁に行かない。大人数での漁や狩りを行う時はいつも慎重に場所と捕獲高が計算されているようだった。

人類学の本には、アマゾンの先住民は森と共存する方法を経験として知っていると書かれている。彼らには、森の資源を枯渇《こかつ》させない知識や決まりがあるというのだ。

もちろん、そうなのだろう。だが、楽しげに漁をし、長老の一言でさっと引き揚げてしまう姿を見ると、ちょっと違うような気もした。狩りもせずにブラブラしていた男が「食べ物がまだあるのに、どうして狩りに行かねばならないのだ？」と答えたことがあったが、ハナナリゥでの漁も同じ哲学に拠《よ》るのではないか。これで十分なのにどうしてこれ以上獲らねばならないのだ、とみんなが思ったのではないか。

それは経験則ではなく、彼らの価値観であるように思えた。

ハナナリゥから戻ると、三百匹の燻製がシャボノの一か所に置かれた。漁に参加した人の中で最も年長と思われる長老の囲炉裏だった。僕たちはその長老が配るのかと思ったが、違っていた。漁に参加した者も、留守番をしていた者も、家族ごとで取りに来るのである。

家族の長が、その者が狩りなどで外出している時は妻や子どもが、長老の囲炉裏に燻製を取りに来た。燻製は家族の人数に応じて分けられているようで、四人家族の場合、四、五匹というところだった。一番小さなピラニアでも、大きさは三十センチ以上ある。数日は優にもちそうな量だった。

なくなりつつある燻製を見ていると、シャボノの広場から声がした。金剛インコの羽根で身を飾った人々がシャボノを回り踊り始めたのだ。そして、誰かが「祭りだ」と言った。

ラシャの実が熟すのはまだ先なのに、もうラシャの祭りが始まったのだろうか……不思議に思って男に尋ねると、近くの男がこう言った。

「これはラシャの祭りではない。死者を弔《とむら》う祭りだ」

死者を弔う祭りは、ラシャの祭りに先駆けて行われる祭りのようだった。

ハナナリゥへの漁は、死者を弔う祭りに供される食糧を得るためのものだった。祭りに供される食糧。言葉で書くと、「形式的」かつ「伝統」に則《のっと》った行事のように思われるかもしれない。だが、彼らは嬉々《きき》として魚を獲り、嬉々として魚を受け取り、嬉々として踊っていた。その楽しげな姿に、堅苦しさは微塵《みじん》も感じられなかった。

ワトリキでは、死者が出るとシャボノの中央で燃やされるという。燃やされるのは人間だけではなく、弓矢・ハンモック・ミサンガなど、故人と縁《ゆかり》の品々も一緒に燃やされる。そして、全てが灰と骨になったところで遺族の囲炉裏の下に埋められる。死者を弔う祭りは囲炉裏の下に埋められた故人を偲《しの》ぶ祭りのようだった。

死者を弔う祭りで幕を開けた祭りの季節は、この後二か月以上続くことになった。

ラシャが紅く実る

ハナナリゥでの漁から一か月後の二月末、ラシャの実が紅く染まった。明らかに、

ラシャの実

誰もが興奮していた。七人ほどの長老たちがシャボノに集まって話し始めた。祭りの段取りを話しているようだった。誰が隣村に祭りの開催を知らせに行くのか。誰が祭りの開会を告げる踊りを踊るのか。そして、客人を饗応《きょうおう》するために狩りに行かねばならないが、何人でどれくらいの期間をかけて行くのか……。またしても、話し合いは中々終わる気配がなかった。

翌日、議論に参加していた長老の一人がアララと呼ばれる金剛インコを捕まえてきた。肉は食用だが、いつもとは捌《さば》き方が違っていた。羽根を毟《むし》らず、内臓と肉だけを丁寧に掻《か》き出している。食べるところは食べて、残った部分を装飾品にするようだった。長老は皮と羽根だけとなったアララを持って、「ギャーギャー」と鳴き声を真似て笑ってから、それを腕に吊るして見せた。極彩色の見事な飾りが出来上がった。アララの姿を残した装飾品は、祭りの間、ずっと長老の腕を飾っていた。

カヌーを作り、シャボノに運ぶ

長老たちの会合の後にヘレアムゥがあって、今年もラシャの祭りに欠かせないものを作ることになった。ラシャの飲み物を入れる巨大な大樽《おおだる》で、彼らは〈カヌー〉だと言った。

翌日からワトリキの住人のほぼ全員が参加し、カヌー作りに取り掛かることになった。まず、若い男たちがカヌー作りに必要な巨樹を森に探しに行った。カヌー作りには直径二メートル近い太い幹が必要だったが、そんな大木は簡単には見つからなかった。アマゾンには高い木はいくらでもあるが、太い幹を持つ木は意外と少ない。日光を巡る競争のため、木々は太さよりも高さを優先しているようだった。

ようやく男たちが見つけたのは、直径およそ一・五メートル、高さは五十メートル以上ある〈ワリマヒ〉という大木だった。男たちは半日をかけて、ワリマヒの大木を切り倒した。

二日目はワリマヒの大木を刳《く》り貫《ぬ》く作業が行われた。十人以上の男が参加し、五メートルほどに切られた大木を刳り貫いていった。まさにカヌーを作るようだった。刳り貫くだけで、また丸一日が費やされた。

三日目は焼き入れの作業だった。腐らないようにカヌーの内側に焼きを入れるのだ。だが、焼き入れのために木が燃やされ炭が出来ると、男たちは、その炭を自分の顔に塗り始めた。そして、真っ黒になった互いの顔を見てはアハフーと笑った。何らかのスイッチが入ったのか、男たちは誰よりも黒く、誰よりも体の隅々まで炭を塗り込むことに熱中し始めた。その間、作業は一時中断となり、結局、焼き入れにも丸一日が費やされた。

四日目からは女たちも参加してカヌーの運搬が始まった。ワリマヒの大木を切り倒した現場からシャボノまではおよそ一キロあった。全員が協力して一トンを遥《はる》かに超えるだろうカヌーを運ぶのだ。どうやって運ぶのだろうと見ていると、まず、カヌーの先端に太い縄が結わえられた。カヌーを引っ張るための縄のようだった。次に、線路にある枕木《まくらぎ》のように、進行方向に対し直角に直径十センチほどの枝が等間隔で並べられた。カヌーをこの上に載せ、十数人が縄を引っ張ることで滑らそうというのだ。

だが、森は平坦ではなかった。上り坂ではカヌーはうんともすんとも言わなくなり、男たちの、重いものを押す時の唸り声だけが森に響いた。

カヌーは動いたかと思うと、すぐに止まった。どうしても土にめり込んでしまうのだ。その度に男たちが集まり、ああでもない、こうでもない、とてんやわんやの議論を続けた。途中で、十代前半の少女たちが何人かやって来て、男たちに砂糖黍《さとうきび》を渡した。男たちは砂糖黍を美味《うま》そうに齧《かじ》り出した。余りに美味いのか、それとも余りに咽喉が渇いていたのか、声を出しながら砂糖黍を齧る男もいた。少女たちはその姿を見て笑った。運搬には多くの女たちが参加していたが、少女たちに限って言えば、実働部隊というより応援団のように見えた。

だんだんとコツを覚えたのか、カヌーは調子良く動くようになった。森の坂道では数十メートルを一気に滑っていくこともあった。その度に人々から歓声が上がった。そのうち、カヌーの上に乗って滑走を楽しむ男も現れた。男たちは代わる代わるカヌーの上に乗って、滑走を楽しんだ。「サボるな」と咎《とが》める者は誰もいなかった。労働が遊興の場となった。結局、カヌーは二日がかりでシャボノまで運ばれたが、運搬する間、森から歓声が途切れることはなかった。

猿狩りに行く

カヌーがシャボノのしかるべき場所に設置されて間もなく、ヘレアムゥで「猿狩りの準備をせよ」という訓話があった。三月初めのことだった。死者を弔う祭りのためにハナナリゥまで漁に行ったのは一月中旬だったが、今度はラシャの祭りに供される食糧を得るために、森へ猿狩りに行くのだ。

ラシャの祭りはワトリキ最大の祭りだ。他の集落から客人もやって来るし、饗宴のための食糧もハナナリゥの時の比ではないくらい、たくさん必要のようだった。猿狩りにはおよそ二十家族以上、九十名が参加することになった。期間は最低でも二週間、長ければ一か月以上続くという……。

狩りに出発する前日、男たちの様子はハナナリゥの時とはまるで違っていた。楽しそうに準備をするのではなく、誰もが寡黙《かもく》になって弓の手入れをしていた。男たちは弓の反り具合や矢じりの鋭さを何度も確認し、鋭さが足りないとみると、矢じりの先端を尖《とが》らせるために削り上げていた。内に闘志を秘めているように見えた。

猿狩りには名誉がかかっていた。獲られた猿は公平に分けられるので、たくさん獲った者が利を得るわけではない。だが、誰が何匹獲ったかは、永遠に記憶されることになる。前回、誰が一番多くの猿を獲ったのか。前々回は誰だったのか。男たちは全部覚えていた。ワトリキでは、猿をたくさん獲った男こそいい男、なのだ。

男たちの価値が試される猿狩りが間もなく始まろうとしていた。


猿狩りの拠点となる野営地はシャボノから歩いて三日のところにあるという話だった。

途中、男たちが森に巨大な白蟻《しろあり》の巣を見つけた。すると、白蟻の巣を的に一斉に矢を射始めた。誰が一番、白蟻の巣に矢を当てることができるのか、老いも若きも一緒になって競争を始めたようだった。遊びに夢中になっているようでもあったが、名誉が競われる狩りの前哨戦《ぜんしょうせん》のようにも見えた。

シャボノを出て二日目、誰かが木の上に蜂《はち》の巣を見つけた。すると、一人の男が小枝の束に火を点《つ》けて木に登り、煙で燻《いぶ》して蜂を巣から追い出そうとした。樹上で奮闘すること三十分。男は何か所も刺されながら、巣を木から叩《たた》き落とすことに成功した。

落とされた蜂の巣に男たちが群がったが、誰も手にとって食べようとはしなかった。樹上の男を待っているようだった。樹上の男は悠然と蜂の巣に近づくと、最も美味《おい》しそうな部位にむしゃぶりついた。蜜《みつ》がたらたらと垂れた。他の男たちは何も言わず、蜂蜜を食べる男を凝視するだけだった。労のあった者が真っ先に美味しい部分を食べ、他の者は残りを公平に分けた。

シャボノを出て三日後、拠点となる野営地に着いた。男たちはすぐに、自分たちの家を作り始めた。柱になりそうな木を残して灌木を刈り取り、梁《はり》を作り、最後にニッパ椰子の葉をかぶせる。ものの十分ほどで、森の家が出来上がった。

家が出来ると、数人の男たちが近くの森に入っていった。毒矢を作るためだった。何時間か森を探し回り、ようやく見つけたのが、シャーマンが祈禱《きとう》をする時に吸う幻覚剤の原料にも使われる〈エクワナ〉という木だった。

エクワナの木の皮を剝《は》ぎとり、火で焙《あぶ》ると、赤黒い樹液が出てくる。それが毒だ。男たちは赤黒い樹液を矢じりに何度も塗り込んだ。ヤノマミは、森の毒物を全て知っている。

彼らは弓矢を二、三本持って狩りに行くが、木製の矢じりは獲物に応じて使い分けられていた。鳥用、猿などの哺乳動物用、ワニ用など、確認できただけで数種類の矢じりがあった。

最初の夜、野営地に長老の声が響いた。昔の狩りの話、自分が射止めた大物の話、森で見た精霊の話、そして最後に啓示めいた話が語られた。

「昔々、ヤノマミの祖先は動物だった。ヤノマミは動物から生まれた。ヤノマミは森の動物を殺し、食べねばならない」

ヤノマミの男は、一歳にも満たないうちから玩具《おもちゃ》の弓矢（先端が尖っていない）を親から持たされ、使い方を身に付ける。そして、十歳になるかならない頃から、親や兄弟の狩りについて行き、狩りの仕方を覚えていく。ヤノマミの社会では、一人で獲物を獲れないうちは男として認められない。

猿狩りが始まって間もなく、十歳に満たない少年と十四、五歳の少年が二人で森に猿を追った。少年たちは広大な森の中で音を頼りに猿を探した。猿の鳴き声はもちろん、木の上を動く音まで、彼らは聞き取ることができるようだった。

森を二、三時間歩いた頃、少年が突然耳を澄ませ、木の上をじっと見つめ始めた。猿がいるようだった。菅井カメラマンが必死に探すが、どうしても見つけることがで

〈エクワナ〉の樹液を塗った毒矢

きない。少年が叫んだ。

「木の上だ！」「ナプ、急げ！」

少年たちは森を猛スピードで走った。僕たちも追いかけるが、すぐに離される。

猿の群れは木の上にいるようだった。だが、その木は三、四十メートルあり、猿の群れまでとても矢は届かない。すると、少年は木に登りジャガーの声音を真似て猿を脅しにかかった。低い木へ追い払おうというのだ。

だが、猿が逃げ込んだのは七十メートルはあろうかという森で最も高い木だった。一時間にわたる攻防の末、人間と猿の駆け引きは猿に軍配が上がった。少年たちは、その後も森に猿を追ったが、結局一匹も獲ることができなかった。

野性動物は人間の命令には従わない。森の中では狩る者と狩られる者はあくまで対等だった。

別の日、長老格の男の狩りに同行した。男は二人だった。彼らは少年たちのように、僕らに気を遣うことはなかった。二人は殆ど会話も交わさず、休憩もとらず、ものすごいスピードで森に分け入った。僕たちは、離されぬよう、必死で後を追うしかなかった。

ただ森を歩くだけの時間が過ぎていった。僕らの疲労や集中力が限界を迎えつつあった時、男たちが突然立ち止まり、弓に手をかけた。そして、森のどこかを見つめたまま微動だにしなくなった。男たちは動物の音を聞いているようだった。僕たちも動けなかった。そして数分後、男たちは弓から手を離すと、何もなかったかのように再び歩き始めた。そんなことだけが何回も繰り返された。

途中、地面に足を引きずるリスがいた。木の上で休んでいたところをジャガーか鷹《たか》に襲われ、地面に落ちたようだった。リスは手摑《てづか》みで獲れるほど弱り切っていた。彼らがリスを食べることを知っていたので、捕まえるのだろうと思った。だが、男は関心を示さない。僕らがリスを指さしても、「なぜそんなものに関心があるのだ？」とでも言うような、訝しがる表情を崩さない。男たちは手負いの獲物には目もくれなかった。

男は「行くぞ」のような仕草で僕らを促すと、さらに森の奥へと分け入っていった。咽喉が渇けば川の水を飲み、腹が減れば森の果物を齧りながら、どこまでも分け入った。

結局、男は十時間近く森を歩き獲物を探したが、ついに一度も弓を引くことはなかった。

実はこの日、途中から一人の男がいなくなっていた。二人に引き離された僕らがようやく追いつくと、そこにいたのは一人だけで、もう一人はどこかに消えていた。どうしたのだろうと気になったが、残った男は気にするふうでもなく、森を歩き続けた。疲労困憊《こんぱい》して僕たちが野営地に戻った時、その男は既に帰ってきていた。そして、僕らを見つけると、小バカにするように笑った。男は大きな鳥を獲ってきていた。たぶん、男は僕らを足手まといだと思って、森で撒《ま》いたのだ。撒いた上で獲物を確実に仕留め、野営地に戻ってきたのだ。

男は僕らの軟弱ぶりを吹聴《ふいちょう》したに違いなかった。以来、大人たちの狩りについて行かせてくれと頼んでも、殆どの者に「帰れ」と言われるようになった。

二週間近く猿狩りに同行したのだが、僕たちは獲物を射抜く場面を一回も見ることができなかった。それどころか、彼らのスピードについて行けず、森の中に置き去りにされることも何回かあった。僕たちはその度に〈ワイハ！（待ってくれ！）〉とか〈ワッシム（疲れて歩けない）〉と叫んだ。いつしか、菅井カメラマンは〈スガイ・ワッシム〉と呼ばれるようになった。

だが、僕らを連れて行こうが行くまいが、猿狩りは難易度の高い狩りであることに変わりはなかった。男たちは森を何時間も歩き、ようやく一匹獲るか獲らないか、なのだ。

取材テープには獲物に逃げられた場面も記録されていた。

男Ａ「飛んでしまったぞ！　飛んでしまったぞ！　俺はもう（弓を）構えていたのに」

男Ｂ「俺も構えていた。でも誰かがここに来てしまったから、飛んで行った！」

男Ｃ「俺は隠れていたぞ」

男Ｂ「俺は矢を向けていたのに、どうして邪魔をした！」
男Ｃ「お前のことなんて見えなかったぞ」
男Ａ「お前が来なかったら、あの喇叭鳥《らっぱちょう》を仕留められたんだ」
男Ｃ「まだ、近くにいるかもしれない」
男Ｂ「じゃあ、お前が探して来い」

猿狩りの間、小さな男の子と女たちは森の家で過ごすことになるが、男たちが獲物を持ち帰る度に集まってきた。そして、胎児で遊んだり性器をいじったりした。取材テープには、その様子も収められていた。

男の子どもＡ「とても軽いね」
男の子どもＢ「猿を抱いてみたい」
男の子どもＣ「見て、おかしなモシ（男性器）だよ」
男の子どもＡ「どれどれ、見えないよ！」
女の子どもＡ「見せて！　見せて！」
男の子どもＡ「見える？」

女の子どもＡ「見える。でも触りたくない」
男の子どもＢ「ほら、これが猿のモシ、袋、オシッコはここからだな」
男の子どもＡ「猿のモシはとても長い」
男の子どもＢ「本当に長い」
男の子どもＣ「他の猿のモシも見てみたいな」
男の子どもＡ「（撮影している僕たちに向かって）ナプもモシが見たいのかな」
女の子どもＡ「ナプにも見せてやれ！」
男の子どもＢ「猿の手は僕の手と同じ大きさだ」
女の子どもＡ「じゃあ、モシや袋も同じ大きさだね」

野営の間、彼らはナシュヒクと獲った動物を食べていた。ハナナリゥでの漁の時はエドワルドが何匹かピラニアを釣り上げたので堂々と分け前に与《あずか》ることができたが、今回はそういうわけにはいかなかった。

僕たちは一人当たり小さなカロリーメイトを五個、登山用のアルファ米を七食分持ってきていたが、十分な量とはとても言えなかった。荷物が重くなると彼らについて行けなくなると思い、泣く泣く減らしてきたのだ。

仕留められたバクと子ども

案の定、食糧は数日でなくなった。仕方なく、お湯を沸かし、塩と胡椒《こしょう》を入れて飲んだ。みるみるうちに体力が落ち、立ちくらみに悩まされるようになった。

そんなある夜、長老の一人がヘレアムゥでこう言った。

「あいつら、何も食べてないぞ。死んでしまうぞ。食べ物を分けてやった方がいいぞ」

翌日、僕たちはバクの燻製をもらった。涙が出るほど美味しかった。

二週間にわたる狩りで、彼らは四十九匹の猿を仕留めた。四十人の大人が夜明けから日暮れまで森を歩きまわり、二週間で四十九匹。一日当たりにすれば、三、四匹ということになる。一人で七匹の猿を射止めた者もいたが、一匹も獲ることができなかった者も少なくなかった。

獲られた獲物は、野営地で燻製となった。大きな燻製台の下では大きな丸太が夜を徹して燃やされていた。火の番は交代制のようで、長老と思われる年配の男が務める場合が殆どだった。番の男は夜な夜な文句を言っていた。

「生焼きが多いぞ。これでは腐ってしまうぞ。これまで何をしていたんだ！　女たちにしっかり番をさせないと、せっかくの肉がダメになってしまうぞ！」

闇の中で、丸太が燃える音と男の文句だけが聞こえた。


この猿狩りで獲物を射止める瞬間を目《ま》の当たりにすることはできなかったが、獲物を解体するところは何度も見た。ある日、大人のヤノマミが二メートルを超えるバクを一人で倒したことがあった。巨大な獲物はその場で解体し、手分けをして野営地まで運ぶのだが、見る見るうちに巨大なバクが肉塊となっていった。

獲られる動物はメスの方が多かった。妊娠していて身体が重かったのかもしれないし、小さな子どもを連れていたせいなのかもしれない。

そのバクもメスだった。腹部を裂くと数体の胎児が現れた。胎児は敷き詰められた

野営地の燻製台

葉の上に並べられた。解体が終わると、男たちは黙禱をするかのように、肉塊に向かって一礼をするかのような仕草をした。仕留めた動物への感謝と鎮魂のように見えた。

彼らは動物の胎児をけっして食べない。そのまま森に置かれ、土に還《かえ》される。しばらくすると、羊水に濡《ぬ》れたままの胎児に蟻《あり》や蠅《はえ》が集《たか》った。

隣村から客人が来る

猿狩りの中盤から、パラパラと雨が降り出し、雨脚は日増しに強くなっていった。三月、雨季が始まったようだった。

雨の中、一人の男が八十キロ離れた隣村に向かった。祭りの準備ができたことを伝えに行ったのだ。男は隣村で接待を受け、客人を引き連れてシャボノに戻って来るはずだった。

そうして、祭りが始まるのだ。

だが、やって来た客人の群れはシャボノから離れた森で止まり、中々シャボノに入って来ようとはしなかった。森で一夜を明かし、そこで身を飾りたててから、シャボノにやって来るのだという。

翌日、客人たちは金剛インコや鸚鵡《おうむ》の羽根を腕につけ、綿毛を頭に載《の》せ、最後に紅い実で身体を飾りたててからシャボノに向かってきた。シャボノでは女たちが歓迎の意らしい歌を歌っていたが、それでも彼らは中々シャボノに入って来ない。しばらくは、シャボノの中と外で睨みあいのような状態が続いた。

その時だ。全身を真っ黒に塗った一人の若い男が奇声を上げながらシャボノに駆け込んできた。そして、近くの囲炉裏に弓矢を置き、鳥のように手を広げて踊り始めた。一つの囲炉裏が終わると次の囲炉裏といった具合に、若い男は三十八の囲炉裏の全てを回り、その度に弓矢を置き、鳥のように踊った。

ヤノマミの男たちにとって、弓矢とは寝る時以外にはけっして離すことのない大切なものだった。しかし、若い男はまるで許しを請《こ》うように弓矢を離し、囲炉裏の前に置いた。おそらく、男は「使者役」で、弓矢を置くことで「敵ではない」ことを示しているように思われた。

若い男が囲炉裏を一周し終えると、それが合図となり、客人が踊りながらシャボノに入って来た。ワトリキの人々も踊りで出迎え、最初は別々に、最後は一緒になって踊った。

踊りが終わると、ワトリキの人々が見るからに大袈裟《おおげさ》な笑い顔を作って客人たちの手を引き、自分の囲炉裏に招き入れた。そして、大袈裟な表情を崩さぬまま彼らの荷を解き、ハンモックを張ってあげた。

客人は弓を置き、ワトリキの人々は大袈裟な笑い顔を作る。全てが儀式のようだった。かつて、ヤノマミの集落間は戦争状態にあったと言われている。こうした儀式は戦争状態からの一時的な休戦を意味しているのかもしれない。祭りの間だけは、敵であることを双方が止めるのだ。戦争状態ではない今も、儀式だけは続いているようだった。

男が抱き合って話し続ける

そうして、一か月にも及ぶというラシャの祭りが始まった。

祭りの期間中、歌や踊りが連日連夜続いた。祭りの時以外は夜は寝るための時間だったが、祭りの間は例外のようだった。

歌や踊りは深夜でも突然始まった。ある日のメモによれば、突然の歌と踊りは、午後九時、午前零時、二時、四時と、合計四回に及んだ。

また、客人には幻覚作用のある〈エクワナ〉の粉末が振舞われ、シャーマンが競うように〈シャボリ（シャーマンの祈禱）〉を始めた。ワトリキの夜は、いつにも増して騒がしくなった。

騒がしいものの中に〈ワヤムウ〉という儀式があった。ワヤムウは客人とホストが抱き合いながら、それぞれの集落のニュースを伝えるものだった。単純と言えば単純だが、ワヤムウでは、いい報せだけを伝えることと、言い澱《よど》まずにいつまでも喋《しゃべ》り続けることが決まりとなっていた。

ワヤムウ

例えばこんな風に、ワヤムウは何時間も続く。

ホスト「あなたの義理の兄さんのことを知っているよ」

客人「そうそう、私はそれが聞きたくてやって来た」

ホスト「あなたの村にいる私の義理の姉さんの話も聞きたいな」

客人「そうそう、私はそれを話すためにやって来た。でも、途中雨が降ってきて、とても寒かったよ」

ホスト「あなたが雨に濡れ、とても寒い思いをしたのか！　でも、どうしても義理の姉さんのことが知りたくて、こんな遠いところまで来てもらいましたよ」
客人「そうそう、その話をするために雨に濡れても平気だったよ」

（中略。この間、およそ三時間）

ホスト「夜とは何？」
客人「夜は夜。考え事などしない。でも、このように幸せだ」
ホスト「幸せなのは誰？」
客人「木の上に蜂の巣がある。そこまで登れたら幸せだ」
ホスト「他にも何か楽しいことを話してください」
客人「望めば蜂とも話ができる」
ホスト「それはどうして？」
客人「私の扉はいつも開いている。扉は開いたまま微笑んでいる」

（後略。この後も数時間は続く）

ワヤムウでの言葉は固有名詞・方言・略語が多いため、膨大な録音素材があったのだが、訳すことができたのはごくわずかだけだった。ポルトガル語を話すヤノマミによれば、親戚、家族、狩りの成果、結婚した男女、バナナの実り具合、川の様子、森の恵みへの感謝などが語られるという。

ワヤムウは人が入れ替わりながら、いつまでも続いた。

吐こうとも飲み続けねばならない

客人が揃《そろ》うと、ラシャの飲み物が振舞われた。友人同士、親戚同士での杯のやり取りが始まったのだが、気がつくと二十人以上の若い女がある男の前に杯を持って並んでいた。女たちは「いい男」に率先して杯を勧めているようだった。どんな男がモテるのか、その法則はよく分からなかったが、狩りの名手とされる未婚の男の前には多くの女が並んでいた。やはり、狩りの上手《うま》い男こそ、ヤノマミではいい男なのだ。

だが、モテ男には果たさねばならない義務もあった。勧められた杯を断ってはならないのだ。モテ男は何杯でも飲み続けねばならなかった。おそらく、一番のモテ男は少なく見積もっても十リットル近くは飲んだように思われた。

宴が始まってから三十分もすると、男たちの腹はパンパンに膨らんでいた。苦しくなって地面に座り込む男もたくさんいた。そして、誰もが吐き始めた。まさに鯨が潮を噴き上げるように、盛大に吐き始めた。誰かが吐くと、誰かがアハフーと笑った。みるみるうちに、土の色がオレンジ色に変わっていった。

飲んでは吐き、吐いては飲む饗宴《きょうえん》はカヌー一杯にあったラシャの飲み物が飲み尽くされるまで続いた。

男女の綱引き

その翌日か、翌々日のことだった。シャボノの中央に太い蔓《つる》が現れた。男と女が集まってきて、蔓を引き始めた。綱引きのようだった。

最初は、男対女で競っているように見えた。となれば、男が勝つだろうと思われるのだが、話はそう単純ではなかった。女に加勢する男が現れ、劣勢の方に寝返る者も現れ、戦列を離れ休憩する者も現れるからだ。

蔓を引き合うだけの長い時間が流れた。男女はぐちゃぐちゃになり、敵も味方もなくなった。誰かが卑猥《ひわい》な言葉を叫び、子どもたちまでもが笑った。僕たちには、彼らが勝負を決めたいのか、勝負を長引かせたいのか、よく分からなかった。ただただ、汗に塗《まみ》れ、唾《つば》に塗れ、埃《ほこり》に塗れるだけの時間が過ぎていった。

雨季が来て、若者がタピリを作る

ヤノマミの誰かが、雨季の始まりを告げる鳥が南へ去ったと言った。その後で、〈マシワリ（命の雨）〉という霧雨が降り、やがて〈ウリマシ（木の雨）〉という小雨となり、最後には〈ウラッピ（光の雨）〉という豪雨となった。雨は突然降り出し、やがて突然止み、また突然降った。

ヤノマミには五十を超える雨の言葉があった。アルマジロの雨、短い雨、紅い花の雨、川を叩く雨、木の匂いの雨……。雨の数だけ匂いも違う。ワトリキのシャーマンがそう言った。

雨季に入ると、森のあちこちに高さ十五センチぐらいの土の塔が出来た。蚯蚓《みみず》が地中を掘り起こして一晩で作った塔だった。塔は森の中に点々と立っていた。森の中は木々の葉で厚く覆われ、強い雨が降っても水浸しになることはない。だから、蚯蚓の一夜城も崩れることはなかった。

雨が降り始めても、祭りは続いていた。そんなある夜、若い男たちが歌い、行進しながら踊り始めた。午前三時だった。

男たちは弓矢を持って威勢よく歌った。

——風が吹く　風が吹く
——ハゲタカが飛ぶ　シャーマンのミサンガを揺らしている
ハゲタカはヒヨコの肉を食べたがっている
——溺《おぼ》れる　溺れる　ヤノマミの男が滝に溺れる
——ぶら下がる　ぶら下がる　鳥がぶら下がる
誰か　私のために　鳥をぶら下げて

しばらくすると、男たちが消え、今度は女たちが歌い出した。

——森の男　森の男　紅い花　紅い蜜
——ゆれる　ゆれる　矢がゆれる
——逃げる　逃げる　魚が逃げる
止まる　止まる　鳥が枝に止まる

そして、最後に、男が出てきて女と一緒に歌った。若い男女がごちゃ混ぜになって、踊りながら歌った。

——おいで　おいで　猿よ　こっちへ
おいで　おいで　こっちへおいで

月明かりの下、男と女は抱き合うように踊り、歌った。女は男のパンツを引っ張り、男は女の肩に手を回し胸を揉みしだいた。みんな、汗塗れだった。歌と踊りは闇の中でいつまでも続き、朝日が昇る前に突然終わった。

シャボノに朝日が当たり始めてから、さっきまで踊っていた男女を探したが、彼らはどこにもいなかった。男と女は、どこかへ消えていた。

若い男女はどこに消えたのか。ずいぶん後になって少年が教えてくれた。そこは藪蚊が群れる茂みの中で、降り続く雨のために湿原のようになっていた。蛙の産卵場所だという。だが、夜になれば蛙を食べる毒蛇も集まる。毒蛇に嚙まれれば二時間で死ぬ。若い男と女は死と隣接する場所で交わっていた。湿地にはバナナの葉が何枚か敷かれていた。脱ぎ捨てられたままのパンツもあった。少年はバナナの葉を指して〈タピリ（小屋）〉だと言った。祭りの間、森にはこうしたタピリがいくつも出来るのだという。

少年が言った。

「隣村の連中がワトリキの女を攫《さら》おうとしたから、ここに連れてきた。バナナの葉を敷いて、ここで女とワンム（性行為）した。自分が終わると、別の男も加わってワンムした」

祭りの間、誰かがワトリキの入り口にある大木に絵を彫った。〈ナ・バタ（偉大な女性器＝女性のこと〉だという。ご神木とかそういうものではなくて、何となく面白そうだから彫ったようだった。ナ・バタの絵が彫られた大木の前を通る時、人々は笑った。子どもや若者はもちろん、母親たちや長老たちも笑った。咎める者は誰もいなかった。

雨が降り続ける

残念ながら、僕たちは四〜六月のワトリキを知らない。ワトリキでは三月から雨季となるが、四月になると雨脚はさらに強まるという。その頃、祭りは突然終わる。客人は帰り、人々は溜《た》まった仕事に取り掛かる。籠作り、ハンモック編み、畑の草むしり、バナナやパパイヤの作付け。女たちは忙しくなる。

アマゾンに季節があるとすれば、雨季と乾季しかない。ブラジルでは雨季を冬、乾季を夏と呼ぶが、彼らには季節に関する特別な呼び方はないようだった。五十を超える雨の名前があるのに季節の名前はない。雨が降ろうと降るまいと、男たちは腹が減ったら狩りに行き、女たちは身を飾ることに夢中になりながら畑を耕す。彼らにとって、雨季も乾季も変わりのないことなのかもしれなかった。

違いがあるとすれば、女の仕事量だ。雨が降ると動物の音が聞こえなくなるため、男の狩りは難しくなる。だから、畑仕事の合間に女たちが川で魚を獲る日が増える。男の狩りでは何も獲れないことも珍しくはなかったが、女たちは何かしらの食べ物を必ず家族に持ち帰った。

シャボノに蟋蟀《こおろぎ》が大発生する

雨季の真っ盛りの七月は虫の季節だ。五十センチはあろうかという巨大なムカデ、手足を広げると二十センチを超える毒蜘蛛《ぐも》、物陰に潜む蠍《さそり》、人を恐れることなく蟻《あり》のように群がっているゴキブリ、夜な夜なシャボノの中を飛び回る蝙蝠《こうもり》。だが、僕らが最も閉口させられたのは蟋蟀だった。

蟋蟀はやっかいな存在だ。陽が沈みかける頃、シャボノの屋根から下りてくる。そして、人間を怖がらずに平気で飛びついてきて、挙句、モソモソと這い上がってくる。夜、シャボノの地面は蟋蟀で一杯になる。朝日が昇ると屋根に帰っていくのだが、今度は屋根となっている椰子の葉を盛んに齧《かじ》り始める。カリカリカリ……と煩《うるさ》い音を立てて齧り続ける。音だけならまだいいのだが、蟋蟀は時に落下してくる。落下してきて顔に落ちたり、服に入ることも日常茶飯事となる。僕たちは何度も蟋蟀の落下に遭い、その度にヒャーと大声を上げては、アハフーと笑われた。ヤノマミの子どもたちは、蟋蟀を殺して遊んでいた。子どもだけではなかった。大人たちも殺していた。大人たちの殺し方には明らかに憎しみが込められていた。

蟋蟀は屋根にいる時によく糞をするらしいのだが、糞が身体にかかると痒くなるのだという。僕らのようにシャツを着ていれば防ぐことができるのだが、上半身裸の彼らは無防備だった。この季節、彼らは始終身体を掻き、憎々しげに蟋蟀を殺していた。

新大陸の蟋蟀は貪欲《どんよく》で、古の探検家たちも驚き、悩まされていた。革という革を齧り、ついにはベルトが銀のバックルだけになってしまったという記述も残っている。僕たちはそこまでの被害には遭わなかったが、蟋蟀は夜に胸のポケットに入り込み、近距離で凄《すさ》まじい鳴き声を立て、僕らの安眠を妨害し続けた。

蟋蟀は八月末まで増え続け、雨季が明けた九月、急に減った。

死者と使者

ラシャの祭りが終わって四か月が経った八月のある日、隣村から客人がやって来た。客人はラシャの祭りにも来た人物だというが、その時の陽気さがまるでなかった。どこか余所余所《よそよそ》しく、硬い表情を崩さなかった。

その夜、長老によるヘレアムゥがあった。

「隣村の男（ヤノマミでは死者の名前を出すことはタブーとなっている。そのため、誰々の息子とか誰々の夫という表現が使われていた）が毒蛇に噛まれて死んだ。男は祭りの時にハンモックや笛を土産としてワトリキに置いて行った。男の縁のモノを返せ。そして、客人には十分な食べ物を与えよ」

「隣村の男」は森に動物を追っていた時、ポルトガル語でコーラウ（珊瑚《さんご》蛇《へび》）と呼ばれる猛毒の蛇に噛まれ、シャボノに戻ることなく森で死んだ。射損じた弓矢を探していた時に手首を噛まれたようだった。共に狩りをしていた友人が毒蛇を真二つに叩き切ったが、薬草を探しに森に入っていたわずかの時間でどこかに消えてしまったという。

遺品をワトリキまで取りに来たその友人はこう言った。

「確かに蛇を叩き切ったのだ。蛇なら死んでいたはずだ。しかし、蛇はいなくなっていた。蛇は精霊だったのだ。蛇の精霊が友人を死の世界に連れて行ったのだ」

ヤノマミのしきたりでは、死者に縁のものは死者とともに燃やさねばならない。そして、死者に纏《まつ》わる全てを燃やしたのち、死者に関する全てを忘れる。名前も、顔も、そんな人間がいたことも忘れる。彼らは死者の名前をけっして口にしない。

「燃やすのは縁のものだけでない。彼が祭りでワトリキに来た時に蔓を切った場所や、野営をするために木を切り倒した場所も燃やしてきた。私たちが死者の名前を口にしないのは、思い出すと泣いてしまうからだ。その人がいなくなった淋《さみ》しさに胸が壊れてしまうからだ。ヤノマミは言葉にはせず、心の奥底で想《おも》い、悲しみに暮れ、涙を流す。遠い昔、私たちを作った〈オマム（ヤノマミの創造主）〉はヤノマミに泣くことを教えた。死者の名前を忘れても、ヤノマミは泣くことを忘れない」

死者のための使者としてやって来た友人は、そう言った。

翌朝早く、客人たちは死者の縁のものを背負ってワトリキを出て行った。縁のものは故人とともに一緒に燃やされ、彼らのシャボノのどこかに埋められるはずだ。

老人が艶話をする

八月末、ワイマウパリの群れが再びやって来ると、雲がどこかに去って晴れ間が広がった。強い日射《ひざ》しが戻り、ワトリキに生暖かい風が吹いた。雨の山にかかっていた雲は蒸発し、砂鉄色の山肌が露《あら》わになった。「雨はいなくなった」とヤノマミが言った。雨季には余り見られなかった黄色い蝶が川辺に集まるようになった。

昼間に強く乾いた風が吹き続けた夜、長老の一人が何かを話し始めた。そして、シャボノ中から笑い声や合いの手が起きた。

「ここからずっと向こうに川があって、えらく別嬪《べっぴん》の娘が住んでいた。ヤノマミは狩りに行く時、その川を必ず渡ったから、男はみな、どうにかしてものにしたいと思っていた。ある日、ついに村一番の狩りの名手が女に挑んだ。意外にも女は『いいですよ、入りなさいな』と男の求愛を受け入れた。ポッ、ポッ、ポッ。男は汗びっしょりになって頑張った。ポッ、ポッ、ポッと頑張った。だが、どんなに頑張っても女の中に入ることができなかった。次に歌の名手が挑んだ。ポッ、ポッ、ポッ。そいつも汗びっしょりになって頑張った。でも、これまた目的を果たすことはできなかった。結局、五人の男が挑んだが、誰も女の中に入ることができなかった。つまり、だ。美しい生娘は難しいから、ほどほどの女にした方がいいってことだ」

話が一段落すると、誰かがすかさず合いの手を入れた。

「生娘は大変だしなぁ」

笑い声が上がる。アハフー、アハフー。そしてその声に応《こた》え、さらなる合いの手があがった。

「お前さんは生娘を相手にしたことはないだろうに」

言われた男は、妻の横で恥ずかしそうにしていた。

ヤノマミの艶話はモテモテの男が登場するような英雄譚《たん》ではない。若者たちを性に目覚めさせるものでもない。自虐《じぎゃく》や風刺に富んだ失敗談が殆どだった。もしかすると、法螺話と同じように、こうした艶話もみんなでリラックスするための笑劇なのかもしれない。実際、男が語る艶話は舞台で演じられる一人芝居のようだった。幕間《まくあい》はもちろん、場面が転換する時や悪いことが起きる時には、効果音のような節回しが入るのだ。節は「ヘイヘイヘー」だったり「ホーア、ホーア、ホーア」だったり「ウーウダ、ウーウダ、ウーウダ」だったり「ヘヘー、ヘヘー、ヘヘー」だったりした。

男の艶話は全員が眠りに就くまで続いた。

使者が来て「祭りが近い」と言った

九月に入って間もない頃、ある長老がこんなヘレアムゥをした。

「若い頃、私は腕のいい狩人《かりゅうど》だった。たくさんの動物を仕留めたものだ。シャマ（バク）、バッショア（猿）、パアリ（黒く大きな鳥）、アララ（金剛インコ）、マラシ（喇叭《らっぱ》鳥《ちょう》）、イロア（吠《ほ》え猿）、何でも獲った。たくさん獲った。最近は年を取ってしまって、祭りの前ぐらいしか狩りには行かなくなった。とても悲しい。狩りができなくて悲しい。でも、狩りに行けば元気になる。祭りの日が待ち遠しい」

ラシャの祭りが終わって半年余り。来年の祭りはまだ先のことだ。それなのに、長老は来年の祭りが楽しみで仕方ないようだった。

ヤノマミの世界には作物の数だけ祭りがある。バナナの祭り、パパイヤの祭り、タロ芋の祭り、砂糖黍《さとうきび》の祭り、ラシャの祭り。ワトリキではラシャの祭りが行われるが、隣村ではバナナの祭りが開かれる。

十月になって、雨の山から突風が吹き下ろした日、隣村から若者が来て言った。

「バナナがたくさん実ったぞ！　祭りが始まるぞ！」

隣村に親戚や友人がいる者たちは一斉に身支度を始めた。彼らの囲炉裏に泊めてもらって祭りを楽しむようだった。最も興奮していたのは若者たちだった。隣村に親戚や友人がいない若者までもが荷作りを始めた。

今度は、別の集落で若い男女が踊り、森に消えるのだ。

川べりに蝶が群れる

森が最も乾く十一月、川べりに蝶が群がった。紋白《もんしろ》蝶のような白い羽の蝶、黄緑の羽の蝶、黄色い羽の大型の蝶、揚羽《あげは》蝶。たくさんの蝶が種類ごとに一か所に集まり、盛大に羽を揺らしていた。餌を食べているのか、産卵なのか、ただ休んでいるのか、よく分からなかった。ただ、乱舞する蝶の数は日増しに増え、やがて減っていった。

アマゾンの宝石とも言われる青い蝶（ブラジル名「モルフォ」）もこの時期によく見かけた。モルフォはいつも単体で川辺を飛んでいた。十センチ近い大型のモルフォがゆらゆらと舞う姿は美しい。モルフォが飛ぶと、僕たちはいつも目を奪われた。

この季節、人々はよく川べりに集まった。川べりが囲炉裏端のような憩《いこ》いの場となった。小川の水量は雨季に比べるとずっと少なくなっていたが、湧水《わきみず》でも流れ込んでいるのか、川の水が涸れることはなかった。

同じ頃、シャボノの屋根となる椰子の葉を集めるために、男たちが三十キロ離れたハナナリゥに向かった。腐り難いというその葉は、近くではハナナリゥの周辺にしか自生していなかった。一か月がかりで何百枚もの葉が集められ、女たちも手伝って屋根の葺《ふ》き替えが始まった。シャボノの屋根は十年に一度程度の割合で葺き替えられるという。古い屋根を壊すと、中は蟋蟀《こおろぎ》の糞だらけで、至るところが食い荒らされてスカスカになっていた。

屋根が葺き替えられたシャボノは、畳を張り替えたばかりの和室のように、瑞々《みずみず》しく生まれ変わった。乾季の強い日射しが真新しくなった緑の屋根を眩《まばゆ》いばかりに照らしていた。

湿度が低くなる乾季、太陽は痛いくらいに降り注いだ。そして、数日雨が降らないと、シャボノの中央にある広場は堅く固まり、雨の山から一筋の風が吹くと砂嵐が舞った。人々は砂嵐が舞う度に、忌々《いまいま》しげに目を細めていた。

だが、十一月の終わりの夜、予期せぬ砂埃《すなぼこり》がシャボノに舞った。風のせいではなかった。数十人が広場で踊り、踊りの列に纏《まと》わりつくように砂埃が湧き立っていたのだ。祭りでもないのに、多くの人が暗闇の中で踊っていた。

踊っていたのは女たちだった。その一人が「練習だ」といった。来年の祭りに備えて踊りの練習をしているのだという。だが、次の祭りまではまだ三か月以上もあった。そもそも、彼らの踊りに練習など必要ないように思われた。やはり、祭りの日が待ち切れないのだ。

ヤノマミの歌は同じ文句を同じメロディに乗せて何度も繰り返して歌われる。歌はグルグル回り、彼らの踊りもグルグル回る。

彼らの一年は祭りを中心に動いている。

男が「祭りまでここにいる」と言った

十二月は里帰りの時期だった。翌年のラシャの祭りを楽しむため、別の集落にいる親戚や嫁いでいった人たちが集まって来た。

まず、一夫多妻の家に夫が帰って来た。その夫は数年前に〈トトトビ〉（ワトリキからは直線で北西に百二十キロ）という集落に祭りに行き、そこで女を見初め、妻とした。以来、年の九か月はトトトビ、三か月をワトリキで暮らしているという。四十代後半と思われるワトリキの妻は滅多に笑わない女だったが、夫が帰って来てから、シャボノで会うとよく笑いかけてきた。嬉《うれ》しそうだった。帰ってきた男は「ラシャの祭りまでワトリキにいる」と言った。そして、妻と一緒に囲炉裏の上の屋根を葺き替え始めた。

次に来たのは、見たことのない女と乳飲み子だった。女は子どもをおぶったまま、長い距離を歩いてきたようだった。女は「夫も間もなくワトリキに着く」と言った。女の夫はワトリキの出身で〈カトリマニ〉(ワトリキから東へ八十キロ)出身のこの女と結婚し、婿に入っていた。そして、ラシャの祭りに参加するために帰省を決め、女と子どもを一足先に送り出したようだった。

雨季と乾季が永遠に繰り返されてきた深い森で、彼らの一年はこのように過ぎていった。

そして、あと一か月もすれば、ラシャの実が紅く染まり、また祭りの季節がやって来る。ハナナリゥに漁に行き、大挙して猿狩りにも行き、巨樹を切り倒してカヌーを作り、ラシャを搾《しぼ》った飲み物を吐くまで飲む。夜は夜で、男女は闇の中を踊り、汗に塗れ、朝日が昇る前に湿地に消える。

彼らは、そうして森を生きてきたのだ。

第三章　囲炉裏ができ、家族が増える

ワトリキの七大ファミリー

ワトリキのシャボノには核家族ごとで三十八の囲炉裏があった。お隣同士は血縁者であることが殆どで、いくつかの囲炉裏が集まって大家族を形成していた。ワトリキにはそんな大家族が七つあった。言わば、七大ファミリーだ。

ワトリキの七大ファミリーを記せば以下のようになる。

〔ロリバウ一家〕家長のロリバウは〈シャボリ・バタ〈偉大なシャーマン〉〉。ワトリキの創始者と言われている。

〔アントニオ一家〕家長のアントニオの姉はロリバウの妻。長女はロリバウの長男と結婚。

〔カーロス一家〕家長のカーロスはロリバウの弟子。イズリキ一家・ロリバウ一家と血縁。

〔イズリキ一家〕家長のイズリキの弟二人がロリバウの娘と結婚。

〔ジュスティーノ一家〕家長のジュスティーノはロリバウの兄の子。

〔ルーカス一家〕家長のルーカスはアントニオの実兄。イズリキ一家と血縁。

〔ルイス一家〕家長のルイスはロリバウの娘と結婚。

※名称は全てブラジル名（保健所の記録による）で記す。

僕たちは最初に大家族の家系図を作り、それぞれの家族がどんな血縁関係を結んでいるか、図を作ろうと思った。だが、血縁を示す線の数が余りに多過ぎて、途中から何が何だか分からなくなってしまった。絶望的な気分になって自作の下手糞《へたくそ》な図を見返していたら、血縁を調べることが無意味に思えてきた。ワトリキ自体が一つの大きな家族なのだ、と思った。

ワトリキで長老と呼ばれるのは七大ファミリーの家長たちだ。何か問題が起きると家長たちは即座に集まり、対応を協議した。祭りの進め方、他の集落の者を招待することの是非、共同で行う狩りへの参加者……。

僕たちを迎えるかどうかについても、七人の長老は協議を繰り返したという。議題は基本的に全員一致で決められるが、対立した場合はシャボリ・バタの鶴の一声で決まることもあるという話だった。しかし、それはシャボリ・バタが「権力」を持っているということではない。長老にも長老会議にも、国家権力や僕たちの社会の法律のように、暴力や報復措置を伴う強制力はない。分かったフリをして従わない者もいるし、反対だけど邪魔はしないという態度の者もいる。どうしても反対ならシャボノを出ていく。その場合も、出て行く者は誰からも咎められず、説得もされない。残るも出るも結局は個人の自由、というのがワトリキのしきたりのようだった。

七人の長老はみな「子だくさん」だった。現在、彼らの子どもたちは若頭かニューリーダーといった年齢にあり、祭りや狩りなどの集団行動の時には、実働部隊として重要な役割を担っていた（軍隊で言えば、長老は師団長、その子どもたちは中隊長と言えるかもしれない）。

七人の長老の子どもの数は以下の通りである（貰《もら》ったり拾ったりした子どももいたが、

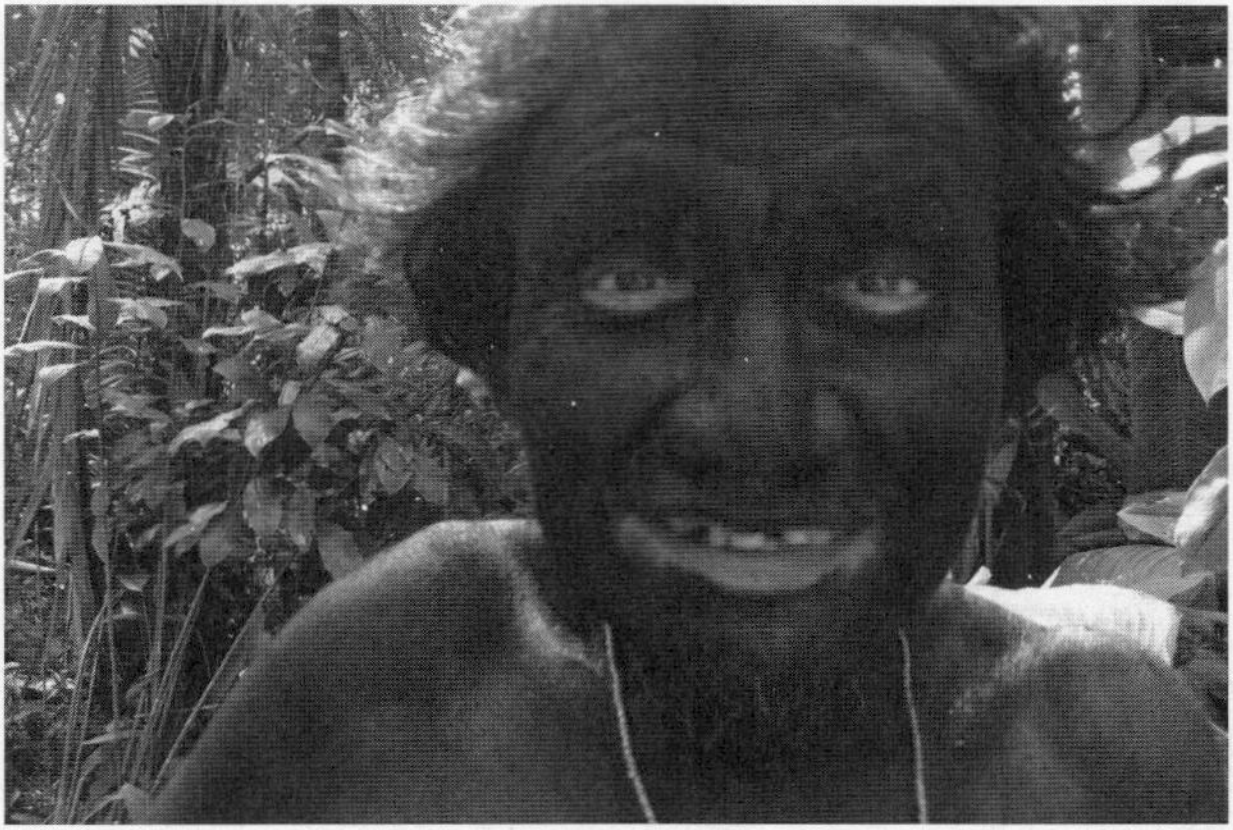

イズリキ

ここでは実子のみ記す）。カーロス、ルーカス、ルイスは子どもが五、六人と少ないが、カーロスは呼吸器系の病気のため狩りの回数が少なく、ルーカスは晩婚、ルイスは妻が病気がちなためだと思われる。

ロリバウ（六十〜七十代？）……男五・女六　計十一人
アントニオ（五十代？）……男三・女五　計八人
カーロス（四十代後半？）……男二・女三　計五人
イズリキ（四十代中頃？）……男三・女五　計八人
ジュスティーノ（五十代？）……男九・女二　計十一人

ルーカス（五十代?）……男四・女二　計六人
ルイス（四十代中頃?）……男三・女三　計六人

彼らの子どもたちは、殆どが実の父母か義父母の隣に囲炉裏を作っていた。日本でも親の土地の隣に家を建てる人が少なくないが、感覚的には似ていると思う。

また、ヤノマミの社会では破瓜《はか》期が来ると女は結婚できるとされていた。女たちは十一～十三歳で破瓜期を迎えるようだったが、実際に結婚するのは十六歳から十八歳が多かった。

ワトリキでは、七十パーセント近くの夫婦がワトリキ内での結婚だった。そして、近親婚を避けるために、一番近い場合でも相互従兄弟《いとこ》婚までしか許されてはいなかった。

四、五歳になるまで名前がない

ヤノマミでは四、五歳になるまで名前がない。男の子は〈モシ〉、女の子は〈ナ・バタ〉とだけ呼ばれる。〈モシ〉とは男性器、〈ナ〉とは女性器のことで、〈バタ〉と

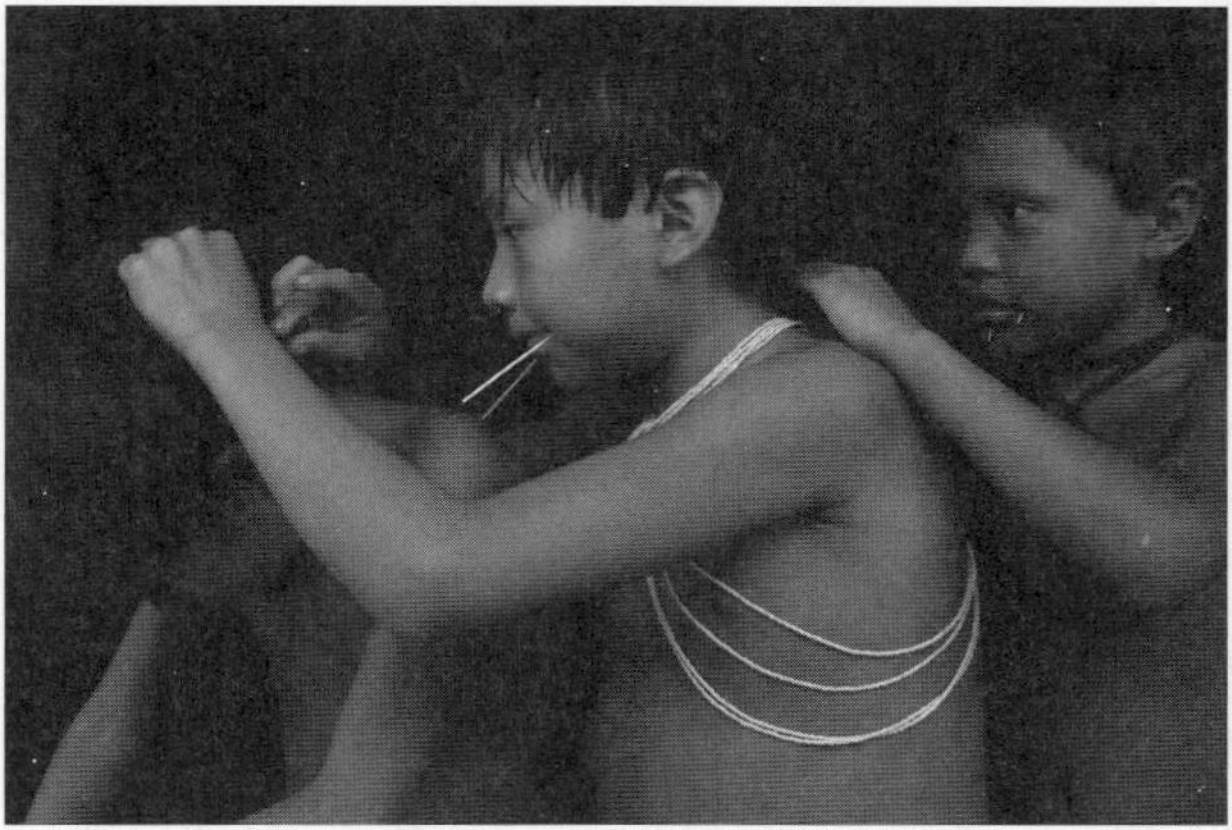

子どもたち

は「大きな」とか「偉大な」という意味だ。つまり、〈ナ・バタ〉とは「偉大なる女性器」という意味だった。

　彼らには自身を指すヤノマミ語の名前があるのだが、外部の者（特にナプ）には教えようとはしなかった。敵のシャーマンに呪いを掛けられないためという説があるが、詳しくは分からなかった。彼らはヤノマミの名前を身内だけの時に使い、それ以外はブラジル名のニックネームを使っていた。

　そのブラジル名だが、宣教師がやって来た時代には、アンナ、マリア、パオロといった聖人の名前が増え、無法の荒くれ者や不法の金鉱掘りが侵入してくると、アスピリン、マラリア、プータ・メーヤ（娼婦《しょうふ》の息子）、カラリヨ（くそったれ）といった名前が加わった。

子どもが五歳を超えた頃、親は名前を付ける。だが、その名前も成長とともに変わっていくことも少なくなかった。実際、彼らはよく自分の名前を変えた。ブラジル名がジュッセリーノという十歳前後の少年がいたのだが、ある日「自分はカラジャだ！」と言い始めた。どうしてかと聞くと〈ジュッセリーノ、ホッシミ！〉〈ジュッセリーノという名前はカッコ悪い！〉とだけ言う。そして、誰かがジュッセリーノと呼ぶと、「自分はカラジャだ」と怒った。カラジャという言葉に特別な意味はないので、単に語感で選んだようだった。

百五十日間の同居中、二人が名前を変えた。

名前を付けるにあたって「決まり」があるとすれば、同じ名前を付けないということだった。彼らは、ワトリキ内はもちろん、他の集落にある名前も絶対に付けなかった。死者の名前を語ることもタブーなので、その名前も使うことはできない。すぐに名前は足りなくなる。だからなのか、僕らの囲炉裏に来て「家族の名前を教えろ」と言ってきた。語感の気に入った名前があると、「もう一度言ってみろ」とか「どういう意味だ」としつこいほど聞いてきた。菅井カメラマンの一人息子の名前はタケル君というのだが、意味を聞かれたので〈コヒップ（勇敢）〉だと答えたところ、彼らはたいそう気に入った。コヒップであることはヤノマミの男にとって最上級の褒め言葉だったからだ。

ある男の長男の名前は、その日を境にタケルとなった。

七大ファミリーからなるワトリキでは、大袈裟に言えば七パターンの顔しかなかった。血が濃いせいなのか、親子や兄弟は一卵性双生児のようにとても顔が似ていて、僕たちはよくひと違いをした。

しかし、顔は似ていても、彼ら一人一人の個性はとても際立っていた。

女はこりごりだと言う男

例えば、その男はいつも一人だった。一日の殆どを一人で過ごし、その大半をハンモックで眠ることで費やしていた。ハンモックからはいつも足だけが見えていた。男は顔をハンモックで包み隠し、足だけを出して眠っていた。

男が起き出す時間はワトリキの住人の中で最も遅かった。男たちが狩りに行った後でおもむろに起き出し、囲炉裏にバナナをくべ、焼きバナナを一本一本、味わうように食べ始める。僕たちが近づくと、悪戯《いたずら》っ子のような表情を浮かべ「このバナナはお前たちにはやらないよ。食べたいと言ってもやらないよ」のようなことを言った。

ワトリキでは一人暮らしの男が二人いたが、一人は別居中の男だったから、妻子を持たず、純然たる一人暮らしをしていたのはこの男だけだった。

男はパオロ（四十代後半？）だと名乗った。別の集落に生まれたが、そこでトラブルを起こして追放になったという。ワトリキに転がり込むまでは方々を放浪していたようだった。余所者《よそもの》で流れ者、それがパオロだ。ただ、ワトリキの住人たちの話では狩りの名手らしく、寝転がってバナナを食べながら、「俺は誰よりも狩りが上手い」というようなことを大真面目で言うこともあった。

パオロは一人暮らしのせいか、週に一、二回しか狩りに行かなかった。自分の畑もなかったから、タロ芋や果実は隣の家族から貰っていた。

ワトリキに来てからパオロは二度結婚したが、すぐに別れたという。淋しくないのか、一人で退屈ではないかと聞くと、パオロはこう答えた。

流れ者パオロ

「二度ほど結婚したが、いいことなんて何もなかった。あいつらは働かない。働かないから、俺が働かないといけない。一人が一番いい。食べ物がない時は誰かがバナナをくれるから何も困らない。俺は一人がいい」

パオロは事あるごとに、女は面倒、女はこりごりだと言って、アハフーと笑った。

ある日、パオロが昔問題を起こしたという隣村で祭りが開かれることになり、招かれた者やそこに親戚縁者がいる家族が挙《こぞ》って荷作りを始めたことがあった。ハンモック、弓矢、食糧、ナイフ、持っていくお土産。荷を詰める草の袋はあっという間にパンパンに膨らんだ。

祭りにはパオロも行くようだった。過去のことなど、まるで気にしていない感じで、みんなと同様に荷作りを始めた。だが、パオロが持っていく荷物はハンモックと山刀だけで、他の人々に比べると極端に少なかった。人ごとながら、食糧を持っていかなくていいのか心配になった。弓矢も持っていかないようなので、狩りもしないらしい。僕たちが不思議そうに見ていると、子どもたちが囃《はや》し始めた。

〈パオロ、ホーリ、マヒィーン！（パオロはとっても貧乏だ！）〉

しかし、パオロは全く気にならないらしく、笑っているだけだった。

パオロは東映喜劇に出てくる、愛すべきダメ男にも似ていた。我儘《わがまま》だけど情けなく、それでいて、周囲の者に面倒を見なければと思わせるだけの、不思議な魅力がある男。あるいは、野坂昭如の大阪モノに出てくる「おっちゃん」のようなキャラと言ってもいいかもしれない。いずれにしても、少しずつ窮屈になっていく僕たちの社会からすると、さも老荘が語る「持たない」人を具現した人物であるかのように、時にとてつもなく大きく、そして、自由に見えた。

ナヤラ（右）

引っ越してきた若夫婦

ある日、エウジス（二十代半ば）とナヤラ（十六）の夫婦が囲炉裏の場所を変えた。「引っ越し」をしたのだ。理由を尋ねると、エウジスは「喧嘩《けんか》だ」とだけ言った。すると隣人が楽しそうに、冷やかし始めた。

「隣の囲炉裏の男が妻にちょっかいを出して喧嘩になった！　エウジスは怒って妻を連れてこっちに来た！　妻と男を引き離すためにここに来た！」

隣人の冷やかしにエウジスは少々不機嫌な顔をしていたが、妻のナヤラは一緒になって笑っていた。

僕たちの社会で仮に同じような状況だっ

たとして、女は笑えるだろうか。だが、ナヤラは普通のことのように笑っていた。照れ笑いや、その場を取り繕うような笑いではなく、ただ単に面白いから笑っているように見えた。

話を総合すると、エウジスの妻が奪われかけたのは本当のようだった。

妻と間男は森で何度か逢い引きをしていて、その何度目かにエウジスの近親者に現場を押さえられたという。エウジスは一族郎党を率い（兄と弟の三人）、間男を棒で滅多打ちにした。

こうした刃傷沙汰《にんじょうざた》はワトリキでは珍しいことではなかったが、刃傷沙汰にもルールがあった。長老の話によれば、それは以下の三つのルールだった。

一　制裁の時、間男は抵抗してはならない

二　間男を殺してはならない

三　妻は制裁を受けない

妻のナヤラが笑い続けていられるのも、誰が決めたのか（無意味な殺人と諍いを戒め

アリステゥ

るためのルールかと思われる。この他にも、他のヤノマミの集落では認められている酒の製造がワトリキでは禁じられていた）、痴話喧嘩制裁ルール第三条に因《よ》るところが大きいようだった。

夫のエウジスは間男に制裁を加えた直後、妻のナヤラを連れて新しい囲炉裏に移って来た。だが、新旧二つの囲炉裏の位置は二十メートルほどしか離れていなかった。

制裁を受けた男

エウジスの妻にちょっかいを出した男はアリステゥ（二十代前半）という名の妻帯者だった。アリステゥは頭蓋骨《ずがいこつ》が見えるほど棒で殴られていて、頭に残った三つの大きなハゲは生涯消えそうもなかった。

ワトリキでは、浮気を巡る喧嘩はすぐに衆人の知るところとなる。アリステゥの話も川べりや囲炉裏端でよく話題に上っていた。そもそも、僕らにこの「事件」を教えてくれたのは十歳の子どもだった。子どもは、見てもいないはずなのに、誰が誰にどのように殴られたのか、詳細な形態模写をしながら、懇切丁寧に教えてくれた。すると、暇そうにしていた人々が集まって来て、さらなる解説を加えながらあれこれ話をし始めた。僕たちの社会で言えば、アリステゥはタブロイド紙を騒がせるような恰好《かっこう》のネタを提供したのだ。

アリステゥはシャボノを歩いているだけで誰かに呼び止められ、件《くだん》の事件を冷やかされ続けた。


アリステゥの災難はそれだけではなかった。浮気が露見すると、妻が一歳になったばかりの子どもを抱えて親の囲炉裏に帰ってしまったのだ。それからというもの、妻と義父母の許しが出るまで、アリステゥは義父母の畑を耕し続けることになった。

「やっぱり人妻はダメだよな。今度は違う女にするよ」

森で擦れ違うと、アリステゥはそのような強がりを言ってアハフーと笑った。「罰」

として行っている農作業のせいか、顔は土塗れになっていた。

妻子がアリステゥの囲炉裏に戻ったのは、浮気が発覚してから八か月後のことだった。

駆け落ちした女

女を巡る喧嘩はワトリキ内だけではなく、集落間でも起きる。

ジータ（二十代半ば）という女が十四、五歳の時だった。彼女は祭りにやって来た隣村の男と恋に落ちた。祭りが終わったあとも、二人はどこかの森で会い続けた。ここまでは珍しいことではないのだが、ジータたちの場合、会うだけではなく、そのままどこかへ消えてしまった。「駆け落ち」をしたのだ。ワトリキの人々の話を総合すると、男はジータの親に結婚の了解を得るのが面倒だったようだ。

二人は保護区の境界も越え、森を彷徨《さまよ》い続けた。ある日、農場主が自分の畑にいた先住民の男女に驚き、政府の先住民担当機関（FUNAI）に通報した。結局、二人は半年以上も森で移動生活をしたのち、それぞれの集落に引き戻されることになった。

事件はこれだけでは終わらなかった。ワトリキの男たちが「隣村の男がワトリキの女を攫っていった」「ナプの暮らす場所まで連れまわした」といきり立った。すぐに六人の「報復隊」が組織され、殴り込みに行くことになった。

こうなると、ちょっとした戦争だ。幸い死者は出なかったようだが、全員が流血するまで殴り合ったという。「戦争」に参加した男の腕には今も蚯蚓腫《みみずば》れが残り、別の男は腕の腱を切ってしまい、以来弓を引くことができなくなった。

ポルトガル語を話すヤノマミに聞いたところ、ヤノマミの男にとって理想の女とは、体つきが豊満で、よく働き、よく笑う女だという。ジータはその全《すべ》てを満たす女であるようだった。

駆け落ちから引き戻された翌年、ジータはまた男に惚れられた。今度は二百キロ近く離れた集落からワトリキの祭りに来た男が相手だった。男の一目惚れだったようだ。以来、男は毎年のように祭りに来てはジータを熱心に口説き、ジータの親や兄弟にも結婚を頼み込んだ。だが、肝心のジータは男の告白を無視し、別の男たちと情交を重ねた。

ジータが男との結婚に同意したのは出会ってから五年後のことだった。その翌年には長男が産まれた。家庭は順風満帆のように思われた。だが、二人は三度も別れ、その度にヨリを戻しているという。

男が言う。

「アイツはすぐに怒る。この間も他の女に色目を使ったと喚《わめ》かれ、囲炉裏から追い出された」

ジータがすぐに応戦する。

「出て行けと言ってすぐ出ていく男はダメだと言い触らしたら、すぐに戻ってきたくせに。情けない男だね」

ヤノマミの女はおしなべて気が強い。ジータも例外ではないようだった。

若い女に最も人気のある青年

ワトリキに、明らかに容姿の違う若者がいた。身長は百八十センチ近くあり、髪の毛は薄い栗色、流行りの服を着て東京を歩けば混血のモデルに見えるような青年だった。ワトリキでは十年前までＦＵＮＡＩの職員が保健所に駐在していたが、青年の父親はその駐在員だったのだ。このことは秘密でもなんでもなく、ワトリキの誰もが知っていることだった。だが、彼が生まれて間もなく、その駐在員は定期異動でワトリキを離れ、父と息子はそれっきりとなった。

青年はマルキーニョ（十代後半）と呼ばれていた。僕たちの囲炉裏のすぐ傍に母親と弟の三人で暮らしていた。いわゆる「母子家庭」だったこともあり、マルキーニョは父親同然の働きをしていた。ある日、マルキーニョは一人で狩りに行き、猿を獲ってきた。単独の狩りで猿を獲るのは難しいことだった。ちなみに、百五十日の滞在中、単独で猿を獲ってきた男は三人しかいない。マルキーニョは狩りの名手だった。また、若者たちの話では、マルキーニョは未婚の男の中で人気ナンバー1のようでもあった。狩りの上手な若い男はモテるのだ。

顔以外に他のヤノマミと違うことがあるとすれば、「文明」への関心が人一倍強いことだった。よく僕たちの囲炉裏に来て、「新しいサンダルが欲しい。今度持ってきてくれ」と言った。日本の言葉を教えてくれ、ともせがんだ。そして、ハンモックに寝転がりながら、覚えた日本語を何度も復誦《ふくしょう》していた。

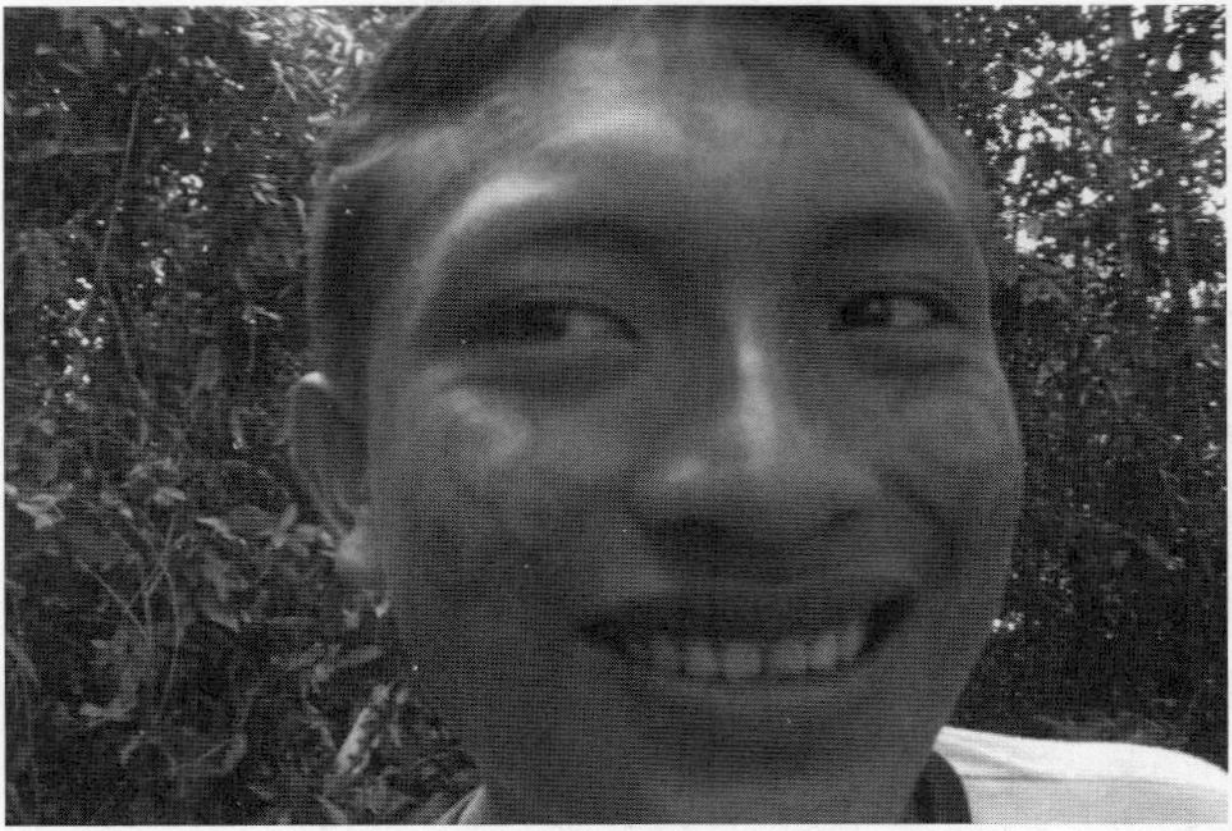

マルキーニョ

僕たちがワトリキを離れた後、マルキーニョのことを思い出さざるを得ない、ある邂逅《かいこう》があった。それは、ワトリキから二百五十キロ程離れた、〈アジャラニ〉という集落でのことだった。

アジャラニは保護区の境界線に近く、そのせいか、ファゼンデイロ（農場主）との間で土地の占有を巡る争いが続いていた。ファゼンデイロは荒くれ者をガードマンとして雇い、アジャラニに暮らすヤノマミに睨みを利かせていた。もちろん、農場にしてしまった土地を明け渡す気は全くないようだった。ヤノマミ側も実力行使を辞さない構えを見せ、一触即発の状態が続いた。

確かな情報が知りたくて、僕たちは二〇〇八年の八月にアジャラニを訪ねた。保護区の境界線は幅が十五メートルほどの川だった。川を挟んでファゼンデイロとヤノマミが睨みあっていた。

境界線の川べりに初老の男がいた。農場主と話しながら生肉を餌にピラニアを釣っていた。ＦＵＮＡＩの駐在所はどこにあるのか、その男に尋ねようと声をかけた瞬間、僕らは凍りついた。六十歳近い初老の男は、顔も体格も髪の色も、マルキーニョと瓜二つだったのだ。

初老の男は、アジャラニを担当するＦＵＮＡＩの駐在員だと言った。マルキーニョの父親に違いないと思った。僕はたどたどしいポルトガル語で挨拶をしたのち、彼に尋ねた。

「ワトリキにいたことがありますか?」

「いたよ。ずいぶん前だけど」

「私たちは先日までワトリキにいたんです」

「そう、綺麗なところだよね」

男の受け答えは余りにさらっとして、何の屈託も感じられなかった。僕は言葉に詰まってしまった。僕のポルトガル語が余りに拙《つたな》く、語彙《ごい》も少ないからではなかった。仮にポルトガル語が堪能《たんのう》だったとしても、何も聞けなかったに違いない。男の言葉には、ワトリキでの日々を長閑《のどか》でいい思い出としか記憶していない響きがあった。そこには、「現地妻」となった女の体温とか残してきた子どもの気配はなく、ただ郷愁だけがあった。

男はマルキーニョの本当の父親なのか。あるいは違うのか。僕はそのことを確かめる意欲も気力も興味も急速に萎《しぼ》んでしまった。

長い沈黙が続いた。

何も喋《しゃべ》らなくなった僕に気を遣ったのか、あるいは、ただ沈黙に耐えられなくなったのか、しばらくして男がこう言った。

「ピラニアを釣るのを手伝わないか」

熟年離婚をした男

シャボノには客人専用のスペースがあった。僕たちは最初の五十日余り、そこで暮らせと言われたのだが（途中からは希望を言って方々を転々とすることができた）、隣の囲炉裏に一人暮らしの男が住んでいた。一人暮らしであることはパオロと一緒だが、彼は妻と別れ、妻子を元の囲炉裏に残したまま別の囲炉裏を作り、一人で暮らし始めた男でもあった。

ジュネジオ（五十代前半？）と名乗ったその男の持ち物は極端に少なかった。弓矢とパンツと小さな籠と洗った形跡がないハンモック。それが、ジュネジオの持ち物の全てだった。囲炉裏に目をやると、何度も薪集めに行くのが面倒なのか、直径三十センチ、長さ三メートルはあろうかという長い木をそのまま薪として使っていた。見るからに、面倒くさがりの中年男そのものだった。

ジュネジオの別れた妻はジャネという名前だった。ジャネはマルキーニョの母でもあった。ジャネにはマルキーニョの他に二人の子どもがいた。長女のダウシレーネ（二十歳前後）と次男のジュッセリーノ（十一）だ。

つまり、こういうことだ。ジャネはジュネジオとの間に長女ダウシレーネを産み、産後間もなくＦＵＮＡＩの駐在員と恋仲になって（その以前からかもしれないが）長男のマルキーニョを出産、駐在員が異動になった後でジュネジオと復縁し、七年後に次

ジュネジオ

男ジュッセリーノを出産した。ちなみに、ダウシレーネとジュッセリーノはジュネジオにそっくりの顔だったが、マルキーニョは全く違う顔をしている。ジュネジオとジャネの夫婦は二〇〇六年頃にジュネジオが突然囲炉裏を出ていったことで終わった。何があったかは分からなかったが、僕たちはジュネジオとジャネが話すところを一度も見ることがなかった。ジュネジオは獲って来た動物を子どもたちに分けることはあっても、ジャネには決して与えなかった。

ジュネジオはとても耳がいい男でもあった。僕たちとは囲炉裏がお隣さん同士だったので、僕らの会話を聞いていたのだと思う。同居を始めてしばらくすると、隣の囲炉裏から「マアマアダナ」「ホントウ?」「オツカレ」といった日本語らしき言葉が聞こえてきたのだ。そして、僕らが驚いてみせると、ジュネジオはアハフーと笑った。

ジャネとの離婚後、誰かが気を回して、ジュネジオにある女性との再婚を勧めたことがあった。ジュネジオの方はその気だったというが、若い女が激しく拒絶し、その話は流れてしまったという。

ジュネジオの一人暮らしは、当分の間続きそうだった。

ワトリキ一の性豪

ジュネジオの弟にボコメ（四十代半ば?）という男がいた。普段は物静かな男だったが、ボコメはワトリキの人々が一目置く性豪でもあった。

シャボノには間仕切りがないため、性行為は丸見えになる。もちろん、夜は闇なので行為そのものが見えるわけではないのだが、声や音でシャボノ中に分かってしまうらしいのだ。

実際は、彼らにとっても性は秘め事のようで、夜シャボノで行為に及ぶ場合、大声を張り上げる者はまずいない。ただ、ボコメ夫婦だけが遠慮がないという。事が始まると、ハンモックの擦れる音や、男女の呻き声が聞こえるというのだ。それも、毎晩だ。目と耳が彼らに劣る僕らは全く気づかなかったが、ある日、騒音に我慢できなくなった男が、「ボコメ、うるさい!」と叫び、シャボノ中からアハフーの笑い声が湧《わ》き上がったという。

畑仕事の合間にバナナ畑でセックスをし、川で水浴びをする時にもし、夜にハンモックの中でもする。男たちと性生活について話した時、ボコメは一日に三回だと言った。他の男はあっけに取られているようだったが、ボコメは一切照れることなく、そう言った。

ヤノマミの男は、世の男たちと同じように、女好きだ。「不倫」も多いし、「猥談《わいだん》」も好きだ。あの女とやりたい、妻には内緒だが今度あの女を森に誘う、と口にする男も何人もいた。だが、僕らが聞いた限り、ボコメは妻だけとセックスをし、浮気をすることはなかった。

自信家モザニアル

モザニアル(二十代後半)という男が「自分には三つの集落に子どもがいる」と自慢気に語ったことがあった。他の集落に祭りに行った時に、そこで女と出会い、子どもまで作った挙句、捨てたらしいのだ。この話を聞いていた時、僕はちょっと顰《しか》めっ面《つら》をしてしまった。すると、モザニアルは何が悪いのだというような表情で「その女を好きな男がその集落にはいて、すぐに結婚した。つまり、オレの子どもにも父親ができたわけだから、幸せに違いない」と言った。そして、子どもと会ったことはあるのかと聞くと、「ない」とだけ答えた。

モザニアルの妻はジュネジオとの結婚を拒絶したというエファアナ（二十代半ば）という女だった。モザニアルは「彼女がジュネジオと結婚しなかったのは、自分のことが好きだったからだ」と言った。モザニアルは相当の自信家のようでもあった。

だが、ある日、エファアナが子どもを連れモザニアルとの囲炉裏から出ていった。モザニアルが他の女に色目を使ったと言って、怒って出ていったのだ。

以来、モザニアルは一人の囲炉裏で暮らしているのだが、狩りから帰って来るとエファアナの囲炉裏まで獲物を届けていた。エファアナに持っていったのかと聞くと、彼は一切妻の名前は出さず「子どもがお腹を空《す》かせているから持っていった。ヤノマミの男にとって当たり前のことだ」と言った。

周囲の者たちはこう噂した。

モザニアル（右）

「本当はまた一緒に住みたいのに、気が強いから謝ることができないんだ」

ワトリキにはポルトガル語を話すことのできるヤノマミは数人いるが、モザニアルはその中で一、二を争う語学力を持っていた。小柄ながら見るからに聡明《そうめい》そうな面立ちで、それでいて本音が読めないというか、権力者が併せ持つような冷酷さと非情さをどこかに秘めている感じがした。数年前、モザニアルはその聡明さを見込まれて、町の学校に送られた。ヤノマミの保護活動を行うNGOが選定する、次世代のリーダー候補の一人に選ばれたのだ。モザニアルは先住民の学校で一年間学び、「文明」社会に関する知識とポルトガル語を習得した。

僕たちは、誰かの話を聞きたいと思った時、モザニアルに仲介と通訳を頼んだ。モザニアルは長老たちの許しを得ると、僕たちをそのヤノマミの前まで連れていき、「聞け」と言った。エドワルドによると、ワトリキで通訳ができるほどのポルトガル語を話すヤノマミは三人（日本の英語レベルで言えば高校生程度のレベルだと思う）、中でもモザニアルの語学力はピカイチで、こちらが聞きたいことを飲み込む能力も高かった。モザニアルは通訳にはうってつけの人物だった。

毎朝、モザニアルは僕たちの囲炉裏に来て、「今日は仕事があるか」と確認に来るのが日課となった。その几帳面《きちょうめん》さは他のヤノマミと明らかに違っていた。冗談も言わず、どこか冷めていて、大らかな者や怠け者をバカにするところもあった。それが生来の性格なのか、町の学校で学んだためなのかはよく分からなかったが、「好きな時に眠り腹が減ったら狩りに行く」という従来のヤノマミとは全く違うタイプだった。モザニアルもその辺りは自覚しているようで、こんなことを話したこともあった。

「これまでは、狩りが一番上手い者か精霊を最も知っている者が〈バタムン（指導者）〉になった。これからは、ポルトガル語が一番上手い者がバタムンになる」

だが、普段は冷静なモザニアルも別居中の妻のこととなると、話は違うようだった。

エフアナが他の男と話していると、とたんに不機嫌になり、荒々しくなるのだ。確かに、モザニアルが心配するのも分かるくらい、エフアナは魅力的な女だった。何人かの男がエフアナを森に連れ出そうとしているという噂も聞いた。その噂話をしてくれた男はちょっと面白がるように、それでいて少しは心配そうに「バレたら、その男はモザニアルに殺される」と言った。

僕たちが百五十日の滞在を終えワトリキを離れた時も、モザニアル夫婦の別居は続いていた。

男を求める女とその娘

女を求めて他の集落の祭りに行く男がいるように、男を求めて他の集落の祭りに行く女もいた。シーカ（二十代後半）という女だった。シーカは若い頃から祭りに行っては恋人を作っていたというが、何年か前に別の集落から二十代前半の若い男をワトリキに連れ帰ってきて、そのまま結婚した。男は絵に描いたような優男《やさおとこ》だった。「熟女と若い燕《つばめ》」のように見えた。

シーカには十四歳になる娘がいた。誰との間の子どもなのか、分からないという。娘の名前はケネリといった。笑うと笑窪《えくぼ》ができる、感じのいい少女だった。ケネリにはルシオ（十代後半）という仲のいい青年がいて、二人は恋人同士のように見えた。しかし、二〇〇八年秋、ケネリは別の男と結婚した。突然の結婚のように思われた。僕たちは驚くだけだったが、ルシオの落ち込みぶりは激しかった。ふられたのかな、と思った。だが、事情はもっと複雑だった。ケネリの実の父親はルシオの兄らしいのだ。その事実は一部の長老しか知らないことのようだった。もし、ルシオとケネリが結婚すれば叔父と姪《めい》の結婚になってしまう。先住民社会ではそれはタブーだった。情報を総合すると、事の真相を明らかにしたくない長老たちが諮《はか》って、ケネリと別の男を結婚させたらしいのだ。結婚してしまえばルシオも諦《あきら》めるだろう、というわけだ。

その後、ケネリ夫婦はシーカ夫婦の隣に囲炉裏を作り、同居を始めた。何度か、二人がハンモックに座りながら話している姿を見かけた。ケネリはよく笑う少女だったが、その時も楽しそうに笑っていた。

ケネリは結婚後、あれほど仲の良かったルシオと話さなくなった。

ケネリ

破瓜《はか》期を迎えた少女

ある日、漁についていった日のことだった。殆どが女で男は少なかった。

二、三か月に一回、集落では〈チンボ〉と呼ばれる漁を行う。チンボとは神経毒を含んだ草のことで、その草を磨《す》り潰《つぶ》し川に流すと小魚が痺れて浮かんでくる。その魚を女たちが下流で待ち受け、ナイフや棒で頭を叩いて捕まえるのだ。

チンボ漁はゆっくりとした時間の中で行われる。川に行く途中にチンボを採るのだが、採った後もすぐには川には向かわず、果実を採ってつまみ食いを始めるのが常だった。

チンボ漁はまずチンボを磨り潰すことから始まる。穴を掘り、そこにチンボを入れて餅つきのように木でついて磨り潰すのだ。見ていると、チンボ作りは男の仕事のようだった。女たちは男たちが草を磨り潰す脇で、果物を食べたり、紅い実を使って身を飾ったりしていた。そんな女たちを撮影していると、女たちは「お前たちも男なのだから、あっちでチンボを磨り潰せ」のような仕草をした。僕たちが手伝うと、それが素人《しろうと》作業のように見えるのか、女たちはけたたましく笑った。

笑う女たちの中に十歳から十五歳の少女たちもいた。少女たちも身体を飾っていた。一人の少女がどこからか野菊のような白い花を取ってきた。それで花飾りを作り、孔《あな》を開けている耳に差すのだ。ピアスのようだった。

花飾りを付け合っている少女たちの中で、最も幼く、それでいて最も化粧栄えのする少女がいた。サブリナという名の十一歳の少女だった。サブリナは花飾りを付け終えると、僕たちをじっと見た。化粧は少女を大人の女に変える。その清楚《せいそ》ながら妖艶《ようえん》な視線はとても十一歳には見えなかった。

だが、普段のサブリナは同世代の男の子と変わらない快活な少女だった。よく男友だちと走り回り、少女特有の金切り声を上げ、僕たちに木の実をぶつけてくるような悪戯も盛んにした。

そんなサブリナがある日を境に突如変わった。男の子と遊ばなくなり、笑うこともめっきり減った。親の手伝いをすることが多くなり、小さな弟を背負って森に薪やキノコを探す姿をよく目にした。しばらくして、母親から「血が出た」と聞いた。初潮が来たようだった。

ヤノマミでは、初潮が来るとシャボノの中に小さな小屋を作り少女を閉じ込める。女の血が森に触れると天の精霊が怒り出すからだという。そして、家長（主に父親、時に実力者の長老かシャーマン）がいいというまで小屋から出てくることはできなくなる。食事や排泄《はいせつ》も小屋の中で行う。ある長老の妻が少女たちを指さしながら、こう言った。「サブリナも血が出た。もうすぐに結婚だ。次は××、△△だろう」

隔離の儀式が終わってしばらくすると、サブリナがある女に連れられて一緒に行動するようになった。ともに畑を耕し、薪を割り、女の家族の囲炉裏の掃除を始めた。誰かが、「もうすぐサブリナは結婚するのだ」と言った。女は将来の義母で、サブリナは嫁ぎ先の家に早めに入り、家の仕事を手伝っているようだった。

ヤノマミの社会では、男が小さな女に目をつけて、将来は自分の嫁にくれと少女の両親と約束を交わすことがある。サブリナの場合も数年前から両家の間で約束が交わされていたという。僕たちの社会で言えば「許嫁《いいなずけ》」だ。サブリナ以外にも、ワトリキでは二人の少女の結婚相手が既に決まっていた。

だが、サブリナは一週間後に自分の囲炉裏に戻ってきた。結婚の話は一週間でご破算となったのだ。結婚を予定していた男が「結婚は嫌だ」と言い出したからだという。ヤノマミでは、妻を娶《めと》る男は相手方の畑を耕すというしきたりがある。僕たちの社会で言えば「結納金」のようなもので、お金の代わりに自らの「労働力」を事前に提供するのだ。だが、サブリナと結婚する予定だった男は、そんな重労働は嫌だから結婚は止めると言い出したという。

畑仕事が嫌だから結婚を取り止める。相当な我儘《わがまま》なように思われたし、娘を送り出した親が怒り出すのではないかと思った。だが、何も起こらなかった。男は非難もされず、娘の親も怒らなかった。他人の妻を寝とった男には制裁が加えられるが、一方的な理由で結婚を破棄する行為にはお咎めがない。そこに、森に生きる人々のどんな合理性があるのか、あれこれ考えてみたが、僕にはよく分からなかった。

「実家」に戻ってきたサブリナは以前のサブリナに戻っていた。大きな声を上げながら駆け回り、時に男友だちと取っ組み合いの喧嘩もした。女になりかけていた少女が再び快活な少女に戻ったのだ。

義母から逃れた男

ワトリキには妻の両親と同居する男も何人かいた。テノーゼ（三十代前半）もその一人だった。テノーゼの義母は性格が細かく、厳しく、気が強い女だった。義母は暇を見つけると囲炉裏を掃除し、子どもを叱《しか》ったり、放し飼いになっている犬に石をぶつけたりしていた。

義母はテノーゼにも遠慮がなかった。婿というより自分の子どものように扱っているように見えた。義母はテノーゼに「掃除を手伝え」と仕事を命じ、「水を汲《く》んでいない」と叱った。

すると、ある日、テノーゼがシャボノを出たすぐのところにタピリ（小屋）を建て始めた。一人で地面を綺麗にし、一人で森から木を切り倒し、一人で柱や壁を作り、一人で三十キロ離れた森まで行って屋根となる椰子の葉を集めてきた。そして、半年以上をかけてタピリを完成させた。タピリにはテノーゼの家族が移り住むことになった。

テノーゼが出ていったので義母は一人住まいとなった。テノーゼの妻はよく母親の囲炉裏に遊びに行って、食事をしたりナシュヒク作りを手伝っていたが、僕たちが見た限り、テノーゼが義母の囲炉裏を訪ねることは、新居ができてから一度もなかった。

ワトリキ一の武闘派

ジュスティーノ（五十代？）は七大ファミリーの最高実力者と目されるシャボリ・バタ（偉大なシャーマン）の兄の子として生まれた。そして、その兄が麻疹《はしか》と思われる病気で死ぬと、シャボリ・バタの養子となった。保健所の記録には五十代とあるが、筋骨隆々とした体つきは若々しく、身長も百七十五センチと高かった。また、祭り好き、冗談好き、猥談好きの陽気な性格で、誰からも好かれる長老だった。ジュスティーノは人望も統率力もあることから、シャボリ・バタ亡き後の〈バタムン（指導者）〉と目されていた。

ジュスティーノ

ジュスティーノはナプである僕たちにも優しかった。祭りの時、たくさんの客人が来たため、僕たちの囲炉裏のスペースが召し上げになったことがあった。どうしようかと困っていると、ジュスティーノがやって来て「家に来い」と言ってくれた。猿狩りの時、食べるものがなくなって塩と胡椒の汁だけを飲んでいた時も、ヘレアムゥで「あいつら、何も食べてないぞ。死んでしまうぞ。みんなで食べ物をあげよう」と言ってくれた。

そんなジュスティーノだったが、彼はワトリキ一の武闘派でもあった。集落間の戦争が頻発していたという頃、彼は優秀な戦闘員だった。最後の戦争（おそらく一九八〇年代）について、彼はこう語った。
「私たちはよく戦った。バナナを盗んだからと戦い、ラシャを盗んだからと戦った。猿の骨を武器にして血を出し合った。ある時、〈スルクク〉（ワトリキの北三百キロにある集落。近くには標高八百メートル級の山が連なり、移動が難しい）のヤノマミが襲ってくるという話が伝わってきた。スルククからやって来るには三十日以上（手の指と足の指を使っておおよその日数を数えていた）かかる。私たちは待ち伏せすることにした。シヤボノの前にあった木に登り、何日も待った。スルククのヤノマミは列を組んでやって来た。十人ぐらいだった。私の合図で木の上にいた味方が一斉に矢を射た。彼らはとても驚いて、来た道を逃げて行った。私が射た弓はスルククのヤノマミの胸に当たった。矢にはたっぷりと毒を塗っていた。スルククの男は間もなく死んだ。戦争では向かってくる敵を全員殺した。私たちは肉を食べたから強くなるのではない。敵を殺すことで強くなるのだ」

輿の乗ってきたジュスティーノは若い頃の話を始めた。一時期、森を移動しながら一人で暮らしていたという。ジュスティーノは「自分はオカバだった」と言った。〈オカバ〉とは、ヤノマミの誰もが恐れる「殺人者」のことだ。森を単独で行動し、集落を見つけると毒薬や毒矢で住人を殺す。他部族やナプには目もくれず、なぜかヤノマミだけを殺す。今でも大人たちは子どもをこう叱っていた。

「ちゃんと戸締まりをしろ！　戸締まりをしないとオカバが来るぞ！」

ワトリキでも、オカバに襲われたことのある者が数人いて、うち二人が殺されていた。一人はシャボリ・バタの子どもで、当時十歳ぐらいだった。子どもの遺体は片腕を切り落とされた状態で川に浮かんでいたという。

数年前にはジュスティーノの次男がワトリキから四十キロ離れた森の中でオカバに囲まれた。猿を追って森を歩き回っていた時、木の上から三人のオカバに攻撃されたのだ。次男は逃げた。戦わずにひたすら逃げた。オカバは吹き矢で攻撃してきたが、幸運にも当たらなかった。次男はワトリキまでの四十キロを一気に走り、命からがらシャボノまで逃げ込んだ。そして、こう叫んだ。「オカバが出たぞ！　みんな気をつけろ！　戸締まりを忘れるな！」

ジュスティーノが言う。

「オカバは体に墨を塗りつけて闇夜に接近する。火に毒を混ぜて囲炉裏にいた者たちを殺す。嚙煙草《かみたばこ》に毒草を混ぜたこともあった。だから、自分の煙草は絶対に身体から離してはダメだ」

どうしてオカバになったのかと聞くと、ジュスティーノは「とにかく、オカバは殺すのだ」とだけ言った。すると、話を聞くために囲炉裏に集まっていた子どもたちが、なぜか、笑った。なぜオカバになり、どういう経緯でオカバを止め、集団と再合流したのか、結局ジュスティ—ノは何も話してはくれなかった。

オカバの話は迷信に過ぎないという専門家もいる。だが、ワトリキでは全員がオカバの存在を信じていた。

シャボリ・バタの恐妻

僕たちにとって、保健所は「避難所」でもあった。バッテリーがなくなった時、空腹に耐えられなくなった時、そしてワトリキの人々と緊張関係が高まった時、僕たちは荷物や機材を置かせてもらっていた保健所に戻り、束の間《つかのま》の息抜きをした。シャボノにはプライバシーがない。一方、保健所は四つの小部屋に仕切られていて、個室としても使うことができた。ごく稀《まれ》なことではあったが、ひ弱な僕たちは個室で音楽を聴いたり本を読んだりメモをまとめたりして、一、二時間のリラックスタイムを楽しんだ。

そんな時、保健所の小部屋にワトリキの人々が入ってくるのは極めて稀なことだった。警戒しているのか、入ってはいけないところという認識があるのかは分からなかったが、覗きこまれることはあっても中に入ってくることはめったになかった。殊《こと》に、女が入ってくることは普通ならありえない。ヤノマミの女性がナプと二人だけでいるシチュエーションは極めて珍しいのだ。炊事洗濯の場である小川で二人きりになることがあるのだが、女たちは居心地が悪そうだった。気の強い女の場合、〈コブフル（あっちに行け）〉と言ってくることもあった。

それなのに、その女性は全く臆《おく》することなく、個室に入って来た。

女はホジナ（五十代?）といい、シャボリ・バタの妻だった。女を代表して、ナプの持ち物検査に来ているかのようだった。ホジナは個室を見回しながら僕らの持ち物の一つ一つを指さし、〈ウェテティッタ?（これは何だ?）〉と聞いてきた。本やボールペンから機材まで全てだった。そして、サンダルを見つけると、〈ビヒゥ!（くれ！〉〉と言った。ビヒゥは弱い要求なので、通常なら毅然《きぜん》として断るのだが、問題は相手がホジナだということだった。以前、僕たちは何度かホジナの申し出を断り、その結果、「あいつらはケチだ。ここを追い出すべきだ」とシャボノ中で吹聴《ふいちょう》された。以来、ホジナにビヒゥと言われれば、断ることができなくなってしまった。

保健所の個室で休む場合、ホジナに悟られぬよう、どんなに暑くてもドアを閉め、中に人がいないように偽装しなければならなくなった。

ホジナの気の強さは集落一のように思われた。夜ハンモックでシャボリ・バタが祈禱をしていた時、隣から大声が聞こえてきたことがあった。ホジナが「うるさい！黙れ！」と叫んだのだ。シャボリ・バタにそんなことを言えるのは、ホジナしかいなかった。

若頭、あるいは鬼教官の男

トラブルが起きた時、守ってくれる理解者がいると、とても心強い。シャボリ・バタの長男であるペデリーニョ（三十代半ば）は、そうした理解者の一人だった。同居を始めた頃、土産を巡るトラブルを率先して解決しようとしてくれたのも彼だし、僕たちが何らかの「地雷」を踏み、誰かに出て行けと言われた時、「まあまあ」と周りを宥《なだ》めてくれたのも彼だった。僕たちにとって、ペデリーニョは最も頼りにしていたワトリキの住人だった。

ペデリーニョはいわゆる「躾《しつけ》」にも厳しかった。ある日、ペデリーニョの甥《おい》っ子（十代）が母親（ペデリーニョにとっては妹にあたる）を激しく罵《ののし》ったことがあった。何てことのない親子喧嘩だった。だが、その話を聞いたペデリーニョは怒り心頭に発した。棍棒《こんぼう》を持って甥っ子を追いかけまわし、甥っ子が怯《ひる》むと棍棒で殴り始めた。

「母親に何という口をきくんだ！」

「悪かったよ。でも、棒で殴るのはやめてくれよ」

「じゃあ、何で殴ればいいんだ」

「手で勘弁してよ」

「ダメだ！」

ペデリーニョはそう叫ぶと、棍棒で甥っ子の頭を思いっきり叩いた。甥っ子は肉体的にはペデリーニョといい勝負ができる年頃になっていたが、一切抵抗はしなかった。

結果、甥っ子の頭には大きな瘤《こぶ》ができた。

少年たちにとってペデリーニョは、怖い兄貴分、または鬼教官のような存在でもあった。例えば、仕事もしないで、いつもブラブラしている少年がいた。少年の親は「アイツは怠け者だ」とよくボヤいていた。それでも少年は仕事をせずに、いつも遊んでばかりいた。

それが、ある日を境に、少年がペデリーニョと行動を共にするようになった。一緒に狩りに行き、畑仕事を手伝い、シャボノの掃除をした。ペデリーニョが陰で喝を入れたようだった。

十代の新妻を娶った初老の男

七大ファミリーの家長の一人、ルーカス（五十代？）は親と子ほど年齢が離れた新妻（ジュネジオとジャネの長女のダウシレーネ）を二人目の妻として娶った。二人の年齢差は推定で三十歳。これほど年の離れた夫婦はワトリキでは他にいなかった。

ルーカス

ルーカスが言った。

「ある日、『私はもう子どもを産めないから、若い妻を貰いなさい』と一人目の妻が言った。そして、ダウシレーネを連れてきた。ダウシレーネはまだ若く（おそらく当時は十五、六歳と思われる）表情も硬かった。これまでの囲炉裏の隣にダウシレーネの囲炉裏を作ったが、黙ったままで私と喋ろうともしなかった。でも、しばらくダウシレーネと暮らしたら子どもができた。ダウシレーネも喜んだし、私も嬉しかった。子どもが産まれてから、少しずつ話をするようになった。一人目の妻も最初は喜んでいたが、そのうち私に冷たく当たるようになり、喚き散らすようにもなった。私は二つの囲炉裏を行き来して一人目の妻の機嫌を取ろうとした。とても疲れたが、そうするしかなかった」

ルーカスは一人目の妻の提案を受け入れ、以来、二つの囲炉裏を行き来して暮らしていた。そして今、彼の心に常にあるのは新妻のダウシレーネのようだった。

「女同士は助け合っている。アイツ（前妻）はコイツ（新妻）に食べ物をくれているようだし、コイツはアイツの仕事を手伝っている。今、コイツ（新妻）といると、とても楽しい。でも、自分が死んだら、コイツには別の男を見つけて欲しい。一人は淋しい。自分も若い頃は女に縁がなくて淋しかった。一人は辛いものだ」

しばらくして、最初の妻は長男の囲炉裏に移っていった。

避妊具を持っている男

一九九八年にワトリキに保健所ができた時、政府は住人から助手を求めた。きっかけは周辺の集落で性病の感染者が出たことだった。その集落の男が町にある先住民専門の病院に入院した時、そこで別の部族の女と性交渉を持ち、梅毒に感染したのだ。

男は集落に戻ってから複数の女と性交渉を行い、女たちも別の男たちと性交渉をした。性病はすぐに蔓延《まんえん》した。その集落とワトリキは祭りの時に交流があった。放っておけば、ワトリキに性病が持ち込まれることは確実だった。政府はヤノマミの中から協力者を作り、性病はなぜうつるのか、どのような症状が出るのかなどの情報を伝え、感染者が出た場合はすぐに治療を施そうとしたのだ。

選ばれたのがジョゼッカ(三十代半ば)だった。ジョゼッカはモザニアルの次にポルトガル語が上手い。二十代半ばからワトリキに加わったのだが、その前はガリンペイロのところで働いていたからだという。彼はそこで、ポルトガル語とブラジル社会についての知識を得ていた。

ある日、ジョゼッカにいいものを見せてやると言われた。その「いいもの」は木で作った棚の奥深くに隠すように仕舞われていた。保健所から貰ったというコンドームだった。驚く僕たちに、ジョゼッカがポルトガル語でこう言った。

「これでワンム(性行為)すると子どもができないと聞いた。家には四人の子どもがいるが、これ以上増えると狩りが大変になる。だから、妻とワンムする時はこれを使う。妻以外の女とする時は使わない」

僕たちの社会からすると、「女性の敵」とも言える相当エゴイスティックな考えだと思うが、彼が余りに当然のことのように語ったので、つい頷《うなず》くところだった。

いずれにしても、ジョゼッカは避妊具を知るワトリキ唯一の男だった。

石鹸《せっけん》を盗んだ少年

アマリウド（十代半ば）は、僕たちに最も関心を持った若者だった。囲炉裏はもちろん、保健所に戻って充電をする時にも、よくついてきた。そして、保健所に無造作に置かれていた雑誌（看護助手が持ってきたものだった）を熱心に眺めていては、何やらブツブツと独り言を言っていた。

しばらくすると、アマリウドは保健所の小部屋に入り込み、物々交換用に持ってきていた石鹸を盗むようになった。僕たちが長老の一人に相談すると、長老はヘレアムウでこう言った。

「ナプのものを勝手に持っていった者がいる。私は恥ずかしい。ナプから泥棒する者

アマリウド

はヤノマミではない！」

しばらくすると、石鹸が小部屋に戻されていた。アマリウドはその石鹸を使ってはいなかった。

それでも、彼は小部屋への侵入を止めなかった。ある日、アマリウドは僕たちが取材用に撮った写真を見つけた。一人一人の顔を覚えるために撮ったものだった。しばらくして一枚が紛失したのだが、今度は長老に言うことができなかった。なぜなら、その写真に写っていたのはアマリウドが惚れていた少女だったからだ。

アマリウドは殆ど狩りに行かなかった。「狩りに行ったか」と聞くと、「もちろん。大きな猿を獲ったぞ」と答えるのだが、全部嘘（というより冗談に近いように思われる）だった。だが、集団での猿狩りでは目つきが変わっていた。森を何時間も歩き、音を聞き分け、何匹かの猿を仕留めたようだった（本人は八匹の猿を獲ったと言ったが、これも冗談だと思う）。森の中に入れば、彼もヤノマミの男だった。

ラシャの祭りの時、アマリウドは森の中にタピリを作って連日のように女を誘った。そのタピリは湿地の中にあった。湿地には夜になると蛙が集まり、蛙を食する毒蛇も集まる。

アマリウドはタピリの場所を教えてくれたのだが、一緒に行くと「ここは危ない。蛇がたくさんいる。早く帰ろう」と言った。僕たちのことを心配してくれたようだったが、彼自身も怖いのか、始終地面に目をやっていた。

だが、アマリウドは、何も見えない闇の中をこの湿地までやって来て、地面にバナナの葉を敷いて性行為に及んだのだ。死に隣接する湿地帯で女たちと交わったのだ。「文明」に関心を寄せているかに見えたアマリウドも、森に猿を追う時と森で性行為をする時は、まぎれもなくヤノマミの男だった。

※人物名と年齢（二〇〇八年八月現在）については、保健所にあった資料に準拠した。

第四章　シャボリとホトカラ

真夜中のシャボリ

ワトリキでは、いつも「音」は突然やって来る。雨や雷や風の音、犬の喧嘩と犬を叱る人々の怒号、何かを投げる音と犬の悲鳴、暗闇の中で始まる若者たちの歌。その中で最も強く、重く、長かった音が、シャーマンが祈禱する時に出す唸り声だった。

ヤノマミはシャーマンの祈禱を〈シャボリ〉だと言った。

シャボリは、いつも突然始まる。森や天から〈シャペリ〈精霊〉〉の声が聞こえたと言っては始まり、真っ黒で巨大な雨雲が近づいたと言っては始まり、病人が出たと言っては始まる。始まったら最後、いつまで続くのか、まるで分からない。魂が離脱し、精霊が憑依《ひょうい》するシャボリでは、おそらくシャーマン自身にも、その「終わり」は分からない。

闇夜に独特の抑揚を持つシャボリが聞こえ出すと、僕たちは徹夜を覚悟した。

ワトリキには十八人のシャーマンがいたから、シャボリのない夜は殆どなかった。一人のシャーマンがシャボリを始めると、その声に呼応するのか、別のシャーマンもシャボリを始めることがよくあったからだ。そんな時、シャボリの声は輪唱のようにシャボノを揺らした。

シャボリの音を喧しいと思っているのは、ナプである僕らだけではなかった。夜が明けると、シャーマンの近くの囲炉裏で暮らすヤノマミが「昨日は眠れなかったよなぁ」のような声をかけてくる時もあったし、「旦那の祈禱がうるさくて眠れなかった」と笑うシャーマンの妻もいた。

シャーマンが唱える言葉は精霊・植物・動物の名前が殆どで、その合間に様々な擬態語が入る。出てくる言葉の殆どは固有名詞だから、日本語への訳が難しい。難しいというより翻訳不能といった方が正しい。

だが、ごく稀にではあったが、物語のように語られるシャボリもあった。

「滝の精霊が泡を作り始めたぞ！
そこには別の精霊もいて自分の花を飛ばし始めたぞ！
石の精霊もやって来て、花を飛ばしたぞ！
バッタの精霊は木に子どもを孕《はら》ませている。
もっと先には猿の精霊がいる。
子どもたちよ！　この土地に私たちはどのように来たのか？
私は知っているぞ！
アララ（金剛インコ）の精霊も降りて来たぞ！
この土地に降りて来たぞ！
すると、猿の精霊は白い胸を見せた。
木がどんどん増えていくぞ！」

このシャボリは、娘に子どもが産まれた晩にシャーマンである父親が夜を徹して行ったものだった。そう思うと、受精・出産のメタファーに富んでいるようにも思える。
この他にも、強い風が吹くと「どこかで偉いシャーマンが死んだのだ」と弔いの言葉を唱え、豪雨で川が氾濫《はんらん》すると「誰かが月経の血がついた手で木を触ったから、オマム（ヤノマミの創造主）が怒った」と批判し、許しを請《こ》う言葉を唱える。言葉は何度も復誦《ふくしょう》されるから、僕には音楽のように聞こえた。

シャーマンには誰でもなれるというわけではなかった。まず、男であること（理由は分からなかった）が大前提で、しかも、長く厳しい訓練を経た者でなければならなかった。

ワトリキではシャーマンの修行の厳しさが語り草のようになっていた。期間は半年以上。最初の一か月は何も食べず、幻覚剤だけを吸い続けねばならない。そして、研ぎ澄まされた意識の中で天から自分の精霊を探し出す。これが最初の関門で、いくら頑張っても精霊を探し出せない場合、シャーマンになるのは無理ということになる。また、たとえ精霊を探し出せたとしても、その精霊がヤノマミに災いをもたらす悪い精霊だった場合、その者はシャーマンになることを諦めねばならない。余りに厳しい修行のせいか、若者の中には「自分には無理だ」と言って、初めからシャーマンになる気などないと言い切る者も多かった。

シャーマンの仕事は祈禱と治療だ。治療の場合、病の元となっている精霊（ヤノマミは天の精霊が病気を引き起こすと考えている）を見つけ、天からその精霊に勝つことのできる別の精霊を連れてくる。そして、その精霊を病人の体内に送り込み、悪い精霊と戦わせる。精霊をたくさん知っていれば、それだけ治療の選択肢は広がる。だから、精霊をどれだけ知っているかが、シャーマンの力量と言えた。

シャーマンは、病人や憂慮すべき自然現象が起きると、狩りにも畑にも行かず、シャボノに籠《こも》ってシャボリだけを続ける。ただひたすら、個人や集落のためにシャボリを続ける。そのためなのだろうか、シャーマンには一定の敬意が払われているようだった。

だが、その「敬意」が王や皇帝が持つような「権力」に変わることはなかった。シャーマンは尊敬を集めてはいるものの、他人に命令する権限はなかった。シャーマンは集落の精神的支柱と言うべき存在だった。

人類学の本を読むと、旧石器時代の宗教（精霊信仰）には「真理」しかないと書かれている。それが、新石器時代になると、「善悪」や「規範」といった概念が登場し、精霊に代わる全能の神が誕生する。その時、宗教は変容する。二つの時代の宗教の違

シャーマニズムによる治療

いは、社会・集団への強制力にある。旧石器時代の宗教では自然以外の何物からも排除されることはないが、新石器時代の宗教になると、規範に従わない者は集団からはじかれてゆき、人々を一定方向に導く力＝権力が生まれる。そして、王や神官が実権を握る。

ワトリキには権力もなく、王もいない。善悪や規範によって統《す》べられている社会でもない。ただ、精霊がいるだけだった。しかも、精霊には「いい精霊」もいれば、「悪い精霊」もいるし、「いい精霊」が「悪い精霊」に変わることもあった。精霊は、善悪とは無関係にただ在るだけのもので、集団や個人を支配するものではなかった。

偉大なシャーマンと呼ばれる老人

十八人のシャーマンの中で最も尊敬を集めていたのが〈シャボリ・バタ（偉大なシャーマン、ブラジル名ロリバウ）〉だった。正確な年齢は不詳だが、少なくとも六十歳はとうに超えていると思われた（信憑性《しんぴょうせい》は低いが保健所の記録では七十代後半とあった）。シャボリ・バタが尊敬される理由は、その治癒力にあった。シャボリ・バタには何人かが挑んで治せなかった病を一夜で快癒させる力があるということだった。シャボリ・バタは「精霊を探すために月にも太陽にも星にも行くことがある」と言った。そこまで言い切り、実際に病を治してしまうシャーマンはシャボリ・バタしかいなかった。

シャボリ・バタが言った。

「天は精霊の家だ。天はたくさんの精霊の家が重なってできている。
だから、精霊を探すには、一つ一つの家をどこまでも登っていかねばならない。
ジャガーの精霊はずっと上にいるし、月の精霊は月にいるし、星の精霊は星にいる。

シャボリ・バタ

ずっとずっと遠いところに住んでいる。病を治すには、どんなに遠くても登っていかねばならない」

僕たちは、シャボリ・バタに話を聞きたいと何度もお願いをしたが、快い返事は返ってこなかった。シャボリ・バタはテレビカメラを嫌がっていた。カメラがないと話してくれるのだが、カメラが回った途端にどこかへ行ってしまう。カメラには命を奪う悪い精霊がいると信じているのかもしれなかった。

それでも僕たちは、一度だけでいいから話を聞かせてくれとモザニアルを通じて何度も頼んだ。結局、同居して百四十日目を過ぎた頃、自分が死んだら取材テープを燃やすという条件で、一回限りのインタビューに応じてくれた。
僕たちが精霊について聞くと、「私ぐらいのシャーマンになると、至るところから精霊の声が聞こえてくる。その声が大きすぎて、最近では夜も眠れない。だが、その苦痛からも間もなく解放される。私は間もなく死ぬのだ」と言った。そして、死後の世界について、延々と語り出した。

「地上の死は死ではない。
私たちも死ねば精霊となり、天で生きる。
だが、精霊にも寿命がある。
男は最後に蟻《あり》や蠅《はえ》となって地上に戻る。
女は最後にノミやダニになり地上に戻る。
地上で生き、天で精霊として生き、最後に虫となって消える。
それが、定めなのだ」

こう言葉に記すと、シャボリ・バタの言う「定め」には諦観のようなものが含まれているように感じるかもしれない。だが、深い森の中でその言葉を聞いた時、彼は

「当たり前のこと」をただ「当たり前」に語っているのだと思った。

そこには、揺らぐことのない強靭な「何か」があった。

万物は精霊からなる

シャボリ・バタによれば、「万物は精霊からなる」という。

例えば、地上で乱舞する蝶も精霊が姿を変えて地上に降りて来たものだという。蝶に姿を変えた精霊は死者からの伝言を運ぶためにやって来る。

蛇は「死」の精霊の使いだ。死の精霊は地上の生を奪うために蛇に姿を変え、地を這い、鋭い毒牙で人間の命を奪おうと、倒木の下や湿地の澱みに潜み、ヤノマミが来るのをじっと待っている。だから、ヤノマミは蛇を見つけると必ず殺す。自分の命を精霊に奪われないために必ず殺す。地に生きる人間と天に生きる精霊が命を奪い合う。

ジャガーは〈コヒップ（勇気）〉の精霊の化身だ。ヤノマミの男にとってコヒップとは、何よりも手に入れたいものだった。だから、ヤノマミの男はコヒップを得るためにジャガーを殺す。ジャガーを殺せば勇気が手に入り、それだけで男は集落の英雄になることができる。

ある日、ワトリキ近くの森にジャガーが現れ、騒動となったことがあった。森から戻った女が川べりでジャガーを見たと言ったのだ。すると、シャボノにいた男という男は、弓矢を抱えると猛然と森に走り去っていった。誰もがコヒップを手に入れようとしたのだ。しばらくして、若い男が子どものジャガーを抱えて戻って来た。母親のジャガーはヤノマミの男たちに驚いて、子どもを置いたまま森の奥へ逃げたようだった。若い男に子どものジャガーをどうするのかと聞くと、「森に返す」と言った。そして、「ジャガーの子どもが大きくなった時、森で殺す」と付け加えた。

ヤノマミにとって精霊とはひれ伏すような存在ではない。会話をし、意図を探り、時に命のやり取りをする存在だった。

ホトカラ

シャボリ・バタから聞いた言葉の中で最も印象に残ったものが、〈ホトカラ〉だった。シャボリ・バタは何度もその言葉を口にしたのだ。

ホトカラとは、死後に精霊となった人間が「第二の生」を送る場所だという。訳してしまえば、「天空」とか「宇宙」という意味なのだろう。だが、偉大なシャーマンである老人の口から発せられると、とてもその一言では収まりきらない、豊かで遥かな空間が広がっているように感じられた。

ホトカラ、と口にするのはシャーマンだけではなかった。子どもを埋葬していた母は、何度かホトカラ、と言った。子どもは死んだのではない。精霊となってホトカラに行っただけなのだ。自分も死ねば精霊となってホトカラに行く。ホトカラに行けば精霊となった子どもとまた会える。女はそう信じていた。ホトカラとは、女たちにとって再会の場でもあった。女の唱えるホトカラという言葉は、チベット仏教における「オム・マニ・ペメ・フーム」のように、唱えるだけで救われる真言（マントラ）のように感じられた。

少年と見晴らしのいい山に登り、どの森に猿がいるか聞いた時も、ホトカラという言葉を聞いた。少年は猿がいる森を指さし、自分が仕留めた猿を自慢した後、僕たちが「今、その猿はどこにいるのか」と聞くと、〈ホトカラ！〉と言って天を指さしたのだ。そして、自分も死ねば同じ場所に行くのだと言った。殺した者と殺された動物が同じ場所で再会するのだ。少年は旧友と久しぶりに会うことを楽しみにしているかのような表情を浮かべ、何度か、ホトカラ、と言った。

子どもたちも、ホトカラ、と口にした。ある日、三歳ぐらいの子どもたちが腰に手をやり、意味不明の言葉を叫んでいた。シャボリの真似をして遊んでいるようだった。しばらく見ていると、子どもたちは天を指して〈ホトカラ！〉と叫んだ。人間は自然を真似、子どもは大人を真似る。子どもたちは、ホトカラとは何なのか、まだ知らないはずだった。だが、子どもたちが話すホトカラという言葉にも、どこか遠いところにあるとてもいいところ、大人になればどんなところか分かるところ、といった微《かす》かな憧れが滲んでいるような気がした。

シャーマンはホトカラで見てきたことをみんなに話す。ヘレアムゥで話し、シャボリで話す。ホトカラで自分を焼こうとした大蜥蜴《おおとかげ》の話、大昔のヤノマミから聞いたという天地創造の神話、誰かが血のついた手で木を触ったから風の精霊が怒っていたという話。シャーマンは何度もそんな話を語り、ワトリキの人々と〝ホトカラ〟を共有していく。

ワトリキの人々もこう信じていた。空の上にはホトカラがあること。ホトカラは精霊の家になっていること。自分も死んだらホトカラに行くこと。そして、それは必ずしも悲しいことではないこと。
ホトカラとは、ヤノマミの人々の宇宙観や死生観を貫く言葉だった。
ホトカラはどういうところなのか。僕たちの問いかけにシャボリ・バタはこう言った。

「ホトカラは精霊の家だ。
ジャガー、金剛インコ、陸ガメ、猿、バク、風の精霊に雷の精霊、
死んだシャーマン、死んだ子ども、昔のヤノマミ。みんなホトカラにいる。
彼らはホトカラから私たちのことを見ていて、いつも話しかけてくる。
だから、いつも私は耳を澄ませている。
彼らの声を聞き洩らさぬように、耳を澄ませている。
ホトカラは精霊たちが作る、どこまでも続く層だ。
層はとても高いところにあり、何層にも連なっている。
私はその層を昇っていくことができるし、ホトカラの精霊たちと話すこともできる。
精霊は私たちにいろいろなことを伝えてくれる」

シャボリ・バタの中では、人間と精霊、天と地、生と死が繋がっているようだった。ヤノマミの世界では、人も動物も、人間も精霊も、生も死も、全てが一つの大きな空間の中で一体となっているのだ。優劣とか善悪とか主従ではなく、ただ在るものとして繋がっているのだ。

生も死も同じこと

ワトリキでは年に一度、死者を掘り起こして、その骨をバナナと一緒に煮込んで食べる祭りがある。死者の祭りと呼ばれるものだった。これは囲炉裏の下に埋められた遺灰に黙禱を捧げる死者を弔う祭りとは別の祭りで、通常、ラシャの祭りが終わった後に始まる。

死者の祭りの日が近づくと、モザニアルを通じて撮影のお願いをしたのだが、いくら頼んでも撮影が許されることはなかった。ワトリキのほぼ全員が頑なに拒絶した。モザニアルは「撮影をすれば命の保証はできない」とまで言った。

どのように弔うのか。何を墓標とするのか。それは、それぞれの文化を映す鏡だとも言われている。アメリカでは人工衛星に遺灰を納める人もいる。中国では墓に紙幣を入れたりもする。遺体を川に流す国もあれば、鳥に食べさせる国もある。ショー化された死だったり、現世利益の飽くなき追求だったり、消滅や輪廻《りんね》として捉えたり、墓や埋葬法はそれぞれの文化に生きる人々の死生観を反映している。

だが、ヤノマミには墓がない。遺骸は焼いて、埋めて、掘り起こして食べるだけだ。彼らにとって死とは、いたずらに悲しみ、悼み、神格化し、儀式化するものではない。僕たちには見えない大きな空間の中で、生とともに、ただそこに在るものなのだ。

死者の祭りでは多くのヤノマミが幻覚剤の〈エクワナ〉を使ってトランス状態になるという。そして、死者の骨を食べることで死者と同化する。死者がホトカラで精霊として存在するとすれば、それはホトカラと一体になることも意味する。

おそらく、その日、シャボノは生と死が一体になる。誰もが死を想い、ホトカラを想い、翻って生を自覚する。シャボリ・バタが言っていた巨大な空間がシャボノの中に現れる。人間も精霊も、生も死も、シャボノの中で一つになる。

彼らにとって、それは自分たちだけの大切な儀式なのだ。ヤノマミが〈ヤノマミ

〈人間〉であることを自覚する、大切な一日なのだ。

シャボリ・バタが言った。

「ホトカラは、一人一人のヤノマミのようなものだ。

祖先たちの命はホトカラに昇った。

動物の命もホトカラに昇った。

風の精霊も、雷の精霊も一度は死んでホトカラに昇った。

彼らは天で私たちを支えている。

私たちが森を守ってきたように、彼らは天が落ちないように支えている。

だから、ヤノマミの家は丸い。

ホトカラは天にあり、天は丸いから、私たちの家も丸い。

ヤノマミはここからホトカラを見ているし

ホトカラの精霊もヤノマミを見ている。

私が泣いている時、ホトカラの精霊はなぜ泣いたのかと聞いてくる。

精霊が泣く時、今度は私が聞きに行く。

風が止まない時、私はホトカラまで昇っていきなぜ風は止まないのかと聞きに行く。
ホトカラとはそのようなものなのだ。
たくさんのヤノマミがいてシャボノがあるように
ホトカラもたくさんの精霊がいるからホトカラなのだ。
精霊はホトカラを支えるたくさんの足だ。
その足は、いつも、地上と繋がっている。
地上とホトカラは繋がっている。
生と死も繋がっている」

深い森の中では、人間と動物、人間と精霊、そして生と死が、切り離されず一体となっている。それらは、支え合い、時に殺し合いながら、どこかで繋がり、最後はともに消滅する。

長いインタビューが終わった時、シャボリ・バタは「ナプも知らねばならない」と言った。そして、ハンモックに横たわると、僕たちから視線を外し、シャボノを囲んでいる森に目をやった。もう、彼の眼中に僕たちはいないようだった。長い間、シャボリ・バタは森を見つめ続けていた。

もし、ヤノマミに規範と言うべきものがあるとするならば、シャボリ・バタの言う「定め」を、誰もが知っているということなのではないか。そして、森の摂理とも言うべき大きな理《ことわり》の中で、彼らはその「定め」を受け入れ、肯定しているのではないか。

第五章　女たちは森に消える

精霊か、人間か、全てを母親が決める

ヤノマミの女は必ず森で出産する。ある時は一人、ある時は大勢で、必ず森で出産する。

女たちが森へ消える姿を初めて見たのは満月の夜で、子どもが産まれたのは東の空が白み始める直前のことだった。許されて近くに寄ると、生まれたばかりの子どもが地面に転がっていた。月明かりに臍《へそ》の緒や胎盤を濡らして、地面に転がっていた。

ヤノマミにとって、産まれたばかりの子どもは人間ではなく精霊なのだという。精霊として産まれてきた子どもは、母親に抱きあげられることによって初めて人間となる。だから、母親は決めねばならない。精霊として産まれた子どもを人間として迎え

入れるのか、それとも、精霊のまま天に返すのか。

その時、母親はただじっと子どもを見つめているだけだった。森の中で地面に転がっている我が子をじっと見つめているだけだった。

僕たちにとって、その時間はとてつもなく長い時間のように感じられた。


子どもを見つめる母親が何を考えていたのか、僕たちには分からない。僕たちが聞いても、女たちは何も答えない。精霊のまま我が子を天に送る母親の胸中を女たちはけっして語らない。ナプに対しても、身内に対しても語らない。ワトリキでは、「命」を巡る決断は女が下し、理由は一切問われない。母親以外の者は何も言わず、ただ従うだけだった。


僕たちが見た限り、その時の母親の表情には躊躇《ためら》いや葛藤はなかった。淡々と子どもを見つめ、淡々と決断を下し、事が終わればシャボノに帰っていった。

女たちは、何か大きな力の下に生きているようだった。習慣とか伝統とか経済といった小さな理由ではなく、もっともっと大きな理由。女たちは善悪を越えた大きな理の中で決断しているようだった。その理が何かと問われれば、やはり、森の摂理と言うしか他に言葉が見つからない。

森の摂理

一九七〇年代に、六年間にわたってベネズエラにあるヤノマミの集落に同居したフランスの人類学者ジャック・リゾーによれば、集落では出産後の性交渉に何らかの禁忌があったという。リゾーはその理由を「人口調整」と「母体の健康」のためと推察している。確かに、毎年の出産は母体に負担をかけるだろうし、狩りで得られる獲物には限りがあるから経済的にも行き詰まる。

だが、ワトリキでその類の証言を聞くことはできなかった。ただ、一つ不思議なことがあった。ワトリキにはいわゆる「年子」がいないのだ。ワトリキの家族を調べてみると、出産間隔はどの家族も三年以上あいていた。彼らの性交渉は頻繁と言っていいが、避妊の知識はない。普通なら、戦前の日本のように、毎年のように出産する女性がいてもいいはずだった。だが、年子はいないのだ。

僕たちがその理由を知ったのは滞在百日を超えてからのことだった。

同居を始めた当初、命の誕生はぜひ見てみたい彼らの営みの一つだった。一万年にわたり自らの伝統・風習・文化を守り続けて来た人たちは、どのように子を産み、祝い、家族として迎え、育てていくのか。そこに、ヤノマミが〈ヤノマミ（人間）〉であることの全てがある、と思ったのだ。

僕たちは妊娠していると思われる女性と仲良くなるべく、話しかけたり、形態模写で「いつ頃産まれるの？」と聞いてみたりした。だが、女たちは〈タイ・ミ（知らない）〉と言うか、笑って去っていくだけだった。やはり、無理なのだと思っていた。話を聞くこともできないのだから、出産の現場に立ち会うことなど不可能だと思っていた。

だが、同居を始めてちょうど百日目、僕たちは出産現場に初めて立ち会い、百二十日目には子どもの亡骸を白蟻に食させる儀式を目の当たりにした。そして、百三十日目、十四歳の少女が生まれたばかりの子どもを僕たちの目の前で天に送った。少女は未婚者で、子どもの父親が誰なのか、自分でも分からないようだった。少女は複数の男と情を交わしていた。懐妊から十回の満月が過ぎ陣痛が始まると、少女は痛みで泣き続けた。丸二日、泣き続けた。四十五時間後に無事出産した時、不覚にも涙が出そうになった。おめでとう、と声をかけたくもなった。だが、そうしようと思った矢先、少女は僕たちの目の前で嬰児《えいじ》を天に送った。自分の手と足を使って、表情を変えずに子どもを殺《あや》めた。動けなかった。心臓がバクバクした。それは思いもよらないことだったから、身体が硬直し、思考が停止した。

その翌日、子どもの亡骸は白蟻の巣に納められた。そして、白蟻がその全てを食い尽した後、巣とともに燃やされた。


緊張を強いる「文明」社会から見ると、原初の森での暮らしは、時に理想郷に見える。だが、ワトリキは甘いユートピアではなかった。文明社会によって理想化された原始共産的な共同体でもなかった。ワトリキには、ただ「生と死」だけがあった。「善悪」や「倫理」や「文明」や「法律」や「掟」を越えた、剝き出しの生と死だけがあった。一万年にわたって営々と続いてきた、生と死だけがあった。

思えば、僕たちの社会は死を遠ざける。死骸はすぐに片付けられるし、殺す者と食べる者とが別人だから何を食べても心が痛むことがない。だが、彼らは違う。生きるために自分で殺し、感謝を捧《ささ》げたのちに土に還《かえ》す。今日動物を捌いた場所で明日女が命を産み落とすことだってある。ワトリキでは「死」が身近にあって、いつも「生」を支えていた。

僕たちは、ショックを受ける度に、死を想うようになっていった。死を想うことと生の輝きは同義なのだと言い聞かせて、同居を続けた。

エファアナの出産

僕たちがワトリキに滞在した百五十日間で、十一人の女性が妊娠し出産したが、最初の一人がエファアナ（二十代半ば）だった。エファアナは通訳をしてくれたモザニアルの妻だ。

エファアナは好奇心の強い女でもあった。おそらく、ワトリキの成人女性の中で僕たちの囲炉裏に最初に遊びに来たのは彼女だ。知らぬ間に僕たちのハンモックに寝転がったり（ワトリキの人たちは他人のハンモックを平気で使う）、ハンモックに座って乳飲み子に母乳を与えることもあった。僕たちが戻ると、エファアナは「おまえたちの言葉を教えろ」とせがんだ。彼女は〈トゥーア・トッディヒ〉と〈トゥーア・ホッシミ〉を日本語では何と言うのか知りたがった。〈トゥーア・トッディヒ〉は「いい女」あるいは「美人」という意味で、〈トゥーア・ホッシミ〉とは「性格の悪い女」あるいは「ブス」という意味だった。「美人」と「性格の悪い女」は覚え辛そうだったが、「いい女」と「ブス」はすぐに覚えた。エフアナは森ですれ違ったり川辺でばったり会った時、誰かを指さして「いい女」と言い、別の誰かを指さして「ブス」と言って笑った。

エフアナがモザニアルとの間に第二子を出産したのは、僕たちが同居を始めて間もない、二〇〇七年の十一月のことだった。出産の場面に立ち会うことはその時点ではとても無理だと思っていたから、報せを聞いた翌日、お祝いを言うために二人の囲炉裏を訪ねた。

囲炉裏にはモザニアルだけがいた。エフアナの居場所を尋ねると「あっちの囲炉裏だ」と答えた。エフアナは出産のために実家の囲炉裏に戻っているようだった。モザニアルに「子どもを見たか」と尋ねると、表情を変えずに「見た」とだけ言った。モザニアルはまるで関心がないようだった。ヤノマミの男は出産には一切関わらない。関心を持たず、立ち会うこともしない。それは禁忌や掟ではなく、人間の血を大量に見ると、ヤノマミの男が最も大切にしている〈コヒップ（勇気）〉が失われると思っているからだという。大量の血を見るとコヒップの精霊が体内から逃げだし、危険を顧みず森に獲物を追う勇気がなくなるというのだ。出産における出血と同様、男たちは生理中の女も嫌う。「不浄」だからではなく、その血が怖いのだ。

エフアナは実家の囲炉裏で昨晩産まれた子どもを抱いていた。少しやつれたような青白い顔をしていた。そして、僕たちに気づくと、子どもを見つめて〈トッディヒ(きれい・美しい)〉と何度も言った。

子どもの臍は草で巻かれていた。何重にも巻かれていたせいか、草が包帯のように見えた。そして、突起物のようになっていた臍を見て思った。臍の緒はどうしたのだろう。日本では臍の緒をお守りのように保管するが、ワトリキではどうなのだろう。

モザニアルに来てもらって通訳を頼んだ。モザニアルによれば、「何か」と一緒に臍の緒は草に包んで森に吊り下げたという。その「何か」が何であるのか、よく分からなかった。ポルトガル語で何と言うのか、モザニアルも知らないようだった。臍の緒を吊り下げた場所に案内してくれないだろうか。僕たちはモザニアル夫婦に頼んだ。するとエフアナが「ついて来い」と言った。モザニアルも「ついて行っていい」と言った。

僕たちはエフアナについてシャボノを出た。森に入るのだろうと思った。ところが、エフアナはシャボノの外をぐるぐる回るだけだった。誰かを探しているようだった。

探していたのは義母（モザニアルの母）だった。エファアナは義母を見つけて何か言うと、子どもを抱いて自分の囲炉裏に帰ってしまった。混乱してしまった僕たちは、再度モザニアルを呼んできて、どういう意味なのか聞いてもらった。

義母の話では、その場所を知っているのは彼女だけだという。出産に携わった女が森に吊るすのではなく、義母（あるいは実母）が吊るすのが決まりだった。モザニアルは「母について行け」と言った。モザニアルにも付き合って欲しかったが、彼は拒絶した。その場所は義母しか知らない。知るべきではない。モザニアルはそう言った。

僕たちは義母のあとについて森に入った。その場所は意外にもすぐ近くだった。シヤボノを出て森に入り五十メートルほど歩くと、義母が木の枝を指さした。そこにバレーボールほどの大きさの草の袋がぶら下がっていた。大きさからすると、臍の緒だけが入っているとは思えなかった。出産に関わるもので拳《こぶし》三、四個ぐらいの大きさのもの。それは、胎盤に他ならなかった。

ヤノマミでは、子どもが産まれると、胎盤と臍の緒を草に包んで森に吊るす。白蟻に食べさせるためだ。白蟻に食べられて痛い思いをしても、その痛みに負けない強い子どもに育って欲しいという祈りが込められているということだった。

ヤノマミが、人間の男の最後の姿だという蟻が、胎盤を食べるのだ。

彼らがワトリキにシャボノを建てて、十年以上が過ぎていた。一年に二十人の子どもが産まれるとして、十年で二百人。つまり、二百を超える胎盤が森に吊り下げられたはずだった。シャボノを囲む森に吊り下げられた二百を超える胎盤。この風習がヤノマミ全体に共通するものだとすれば、この深い森には、いったいどれくらいの胎盤が吊り下げられてきたのだろう。

産み、吊り下げ、蟻に食わせ、その産まれた子どもが成長して子を孕《はら》み、出産し、また胎盤を吊り下げる。一万年にわたって深い森で繰り返されてきた営みを想像した時、僕は森の年輪とでも言うべき力に圧倒され、その場から動くことができなくなった。

ダウシレーネの出産

七人の長老の一人、ルーカス（五十代半ば？）の二番目の妻ダウシレーネ（二十代前半？）も、僕たちの気づかぬうちに森に消えた。

女たちがいつ森に消えるのか、察知することは極めて難しかった。事前に了解を得て「同行」や「撮影」の許しを得ていたとしても、女たちには僕らに教える余裕などなく（あるいは面倒がって）、約束が果たされることはなかった。つまり、撮影しようと思えば、四六時中ぴったりと張り付いていなければならないのだ。しかし、陽が沈めば全くの闇になるシャボノの中ではそれも難しい。僕たちがダウシレーネの出産に気づいたのは、やはり、全てが終わった朝になってからだった。

子どもは男の子だった。ルーカスとダウシレーネの囲炉裏を訪ねると、ルーカスはハンモックに寝転がりながら弓矢の手入れをしていた。僕たちはモザニアルに同行を頼んで、話を聞くことにした。

モザニアル「ナプが知りたがっている。産まれたのは昨夜か？」
ルーカス「おそらく、そうだ。ヤノマミの女は出産の時、男の力を借りないから詳しいことは知らない」
モザニアル「何も手伝わないのか？　とナプが聞いている」
ルーカス「妻の出血が止まり、ハンモックに寝るようになったら、私も手伝う。妻が食事を作る時は私が面倒を見る。それがヤノマミのやり方だ」

モザニアル「子どもは欲しかったのか？　とナプが知りたがっている」
ルーカス「健康な子どもなら欲しかった。包みに入ったままで産まれたり、目や耳に障害がある子どもは欲しくない」
ダウシレーネにも聞いてもらった。
モザニアル「子どもはかわいいか？　とナプが聞いている」
ダウシレーネ「まだ小さいから分からない。このまま大きくならなかったらどうしようかと不安にもなる。でも、大きくなって欲しい。大きくなれば、もっともっと大きくなってもらいたいと思うだろう」
ルーカスもダウシレーネも子どもの健康状態について言及していた。
ワトリキには身体障害者が一人もいない。障害を持って産まれる確率は僕たちの社会と変わらないはずだから、何らかの「選別」が行われているのだろう。障害を持った人間が一人で森を生き抜くことはできない。おそらく、精霊のまま天に返していると思われた。

以前、別のヤノマミの集落（ワトリキより「文明」との接触頻度の高いスルクク）を訪ねた時、ＦＵＮＡＳＡ（ブラジル国立保健財団）の現地職員が、てんかんのため森に捨てられたヤノマミの子どもを助け、保健所の中で育てていた。子どもはジョイナスという名前で呼ばれていた。ジョイナスはシャボノではなく保健所で暮らし、ＦＵＮＡＳＡの職員と同じものを食べていた。そのせいか、同世代のヤノマミに比べ、身体が大きかった。ただ、持病は治ってはおらず、僕たちが滞在した数日の間でも、何度か発作に襲われた。その度に、ジョイナスは涙を流しながらガタガタと震えていた。

僕には分からなかった。ＦＵＮＡＳＡのしたことは、僕らの社会であれば誰もが当然のことだと言うだろう。だが、ジョイナスと会った時、我が子を捨てた親が「悪」で、ＦＵＮＡＳＡの職員の行為が「善」だとは単純に言えないような気がした。かと言って、「文明」に生きる者が「文明」の力によってヤノマミの運命を変えた、と安易に批判することも躊躇われた。職員は敬虔なカトリックの信者で、心からジョイナスのことを考え、「命」を救ったように思えたからだった。

唯一確かなことは、森から救い出された瞬間にジョイナスはヤノマミではなくなったということだ。彼は「森の摂理」外の行為によって「命」を救われた。おそらく、ジョイナスは森の暮らしに二度と戻ることはできないはずだった。だから、ジョイナスがヤノマミの世界に戻りたいと思わないことだけを願った。

僕たちが知る限り、ワトリキでは障害を持った子どもが産まれたという記録がない。もちろん、ヤノマミの世界では精霊となった人間のことは喋らないという決まりがあるから、定かなことは分からない。僕たちとて、保健所にいる看護助手からそう聞いたに過ぎない。

一方で、こんな話も聞いた。ある日、産まれたばかりの子どもが囲炉裏に落ちて火傷を負った。重傷だった。両親は森に捨てることにした。一人では生きていけないと判断したようだった。だが、一人暮らしをしていた女性（四十代）が、自分が育てるから引き取らせて欲しいと頼んだ。子どもは貰われていった。なぜ、その女性は子どもを譲り受けたいと思ったのか。子どもの命を救いたいと思ったのかもしれないし、一人暮らしが淋しくて子どもが欲しいと思っていたのかもしれない。保健所の看護助手は、キリスト教的慈愛と博愛がヤノマミにもあるという文脈でその出来事を語っていたが、当事者である女は、僕たちが何を聞いても胸中を語ってはくれなかった。

ルーカスは、障害のある子どもなら欲しくはなかったと平然と言った。ダウシレーネは、小さいままでは怖い、早く大きくなって欲しいと言った。ここにも、森に生きる人々の何らかの摂理があるのかもしれなかった。

ダウシレーネの出産には彼女の母親が立ち会った。前の晩にダウシレーネが母親の囲炉裏に来て、〈ニンニ・マヒィーン（とても痛い）〉と言ったのだという。

話を聞くためにモザニアルと一緒にダウシレーネの母を訪ねると、ちょうど胎盤を吊るすために森に向かうところだった。僕たちは一緒に森に入った。

ダウシレーネの母親が選んだ木はシャボノから二十メートルも離れていない森の中にあった。母親は背伸びをして、木の枝に胎盤を吊り下げた。自分が吊ることのできる限界まで背伸びをし、なるべく高い所に吊り下げようとしているように見えた。そして、全てが終わると、祈るでもなく、感慨に耽るでもなく、ただ踵《きびす》を返してシャボノに帰っていった。

その翌日のことだった。ダウシレーネの弟（マルキーニョ、第三章参照）が森から猿を獲ってきた。猿はご馳走だったから、囲炉裏の周りに家族全員が集まってきた。噂を聞いたのか、ダウシレーネもすぐにやって来た。

しばらくして、ダウシレーネの母親が猿を持ってシャボノを出た。捌くようだった。

だが、母親が捌く場所として選んだのは、昨日ダウシレーネが出産した場所でもあった。昨日娘が出産した場所で、今日母親が猿を解体するのだ。母親は猿の毛を焼き、手足を切り落とし、内臓を取り出した。地面が猿の血で染まった。地面や切り株に猿の血と娘の血が混ざり合った。そして、近くに投げ捨てられた臓物には、最初に犬が、次に蠅が群がった。

ヤノマミの女たち

精霊か、人間か。ヤノマミの女たちは、「命」を巡る選択を一人で行わねばならない。その重さを考えた時、僕たちの関心は、男ではなく女たちに移っていった。

だが、ヤノマミの女たちは多くを語らない。何か質問すると、〈タイ・ミ（知らない）〉と答えるのが殆どだ。特に一人でいる時に聞く時はそうだった。だから、モザニアルを通じて長老に頼み込み、集団でのインタビューを頼んだ。インタビューは川べりで行われ、十一人の女たちが集まった。女たちは全員が羽根飾りをつけ、紅い木の実で身体を飾っていた。

まず、ヤノマミの女たちはナプである僕たちをどう思っているのか、聞いてみた。女たちは薄笑いを浮かべながら、こう言った。

「ナプは森に一人で行けない。迷ってしまう。それでは狩りができない。（弓矢なしでも捕まえることのできる）陸ガメだって見つけることができない。ナプは歩くのが遅い。ナプは足が弱い。一人で狩りに行けば、きっと子どものように泣いてしまう」

ヤノマミの女たちは僕らを「男」として見ていなかった。僕と菅井カメラマンはともに四十代半ば。若くもないし、歩くのは遅いし、全てが弱そうに見えたのだろう。

そう言えば、ある時、エファナが「ずっとワトリキにいればいいのに。女もいるし」のようなことを言ってきたことがあった。ちょっとだけドキドキして「女というけど誰のことを言っているのか」と聞いた。すると、エファナは十歳に満たない少女を何人か指さし「この娘だ」と言って、けたたましく笑った。小バカにしているような笑い方だった。たぶん、お前に合う（大人の）女はワトリキにはいない。小娘以前の子どもぐらいにしか相手にされないだろうという意味に違いなかった。

次に、どんな時に悲しいとか淋しいと感じるのかと聞いた。

「夫が長い狩りに行った時だ。そんな時は心配で眠ることができない。怪我をしていないか、蛇に噛まれていないか、オカバに襲われていないか。とても心配になる。陽が沈んでも帰ってこない時はとても悲しくなる」

「夫が隣村に行ってずっと帰ってこない時、とても淋しくなる。狩りから帰ってこない時も淋しくなる。だから、子どもたちを叱る。『どうして一緒に行かなかったの！』と言って探しに行かせる」

気の強さの裏返しなのか、ヤノマミの女は純情であり、夫への母性的な優しさに満ちていた。だが、誰かが褒め過ぎだと思ったのだろう。夫の悪口を言い出すと、今度は悪口合戦となった。

「私が畑に行って仕事をし、その後で薪を集めてきたのに、夫は水さえ汲まずに寝てばかりで頭に来る。夫にはいつも文句を言っている。それでも頭に来たままの時は、水浴びに行って頭を冷やす」

「夫はよく違う女を見ている。気をつけているけど、浮気をしたら許さない。その女も許さない。いつも女のことで夫と喧嘩する。女を見ている夫が悪い」

「頭に来ることはたくさんあるけど、私はすぐに忘れてしまう。食事を作ってお腹いっぱいに食べれば、喧嘩をしていてもハンモックで一緒に寝る。そうしていると、身体が温まってきて夫がまた好きになる。怒っていたことなんて、すぐに忘れる」

女たちは僕たちの社会と同じような理由で夫に怒り、喧嘩し、それぞれのやり方で怒りの矛先を収めていた。激情と沈着、勝気と殊勝さ、あけっぴろげなところと羞恥心のあるところ。ヤノマミの女たちには相反するものが矛盾なく同居していた。

僕たちは前にも増して女の日常を見つめるようになった。そして、驚いた。

女たちは働き者だ。子をあやし、食事を作り、森に採集に行き、時には小魚を獲り、畑仕事をし、途中で紅い実で身を飾り、薪を集め、運ぶ。それは妊娠後も変わらなかった。陣痛が来る日まで、女たちは腹のせり出した身体をものともせず、森に分け入り、畑を耕し、重い薪を背負い、食事の支度をした。そして、出産の時は森に入り、子どもを森にとどめるのか、人間として育て上げるのか、一人で決断した。

モシーニャの出産

ある日、その女も出産のために森に消えた。だが、女はたった一人で森に入り、しばらくすると一人で戻って来た。子どもの姿はどこにもなかった。

その女、モシーニャ（三十代前半）は、七大ファミリーのナンバー2と目されているアントニオの長女だった。夫はシャボリ・バタの長男で僕たちの良き理解者だった若頭のペデリーニョ（第三章参照）だから、実力者同士の夫婦と言えた。実際、二人は集落から頼られる若夫婦、あるいは中間層のリーダー格だった。

モシーニャはがっちりとした体形で、統率力があり、いつも落ち着き払っているように見えた。僕たちに軽々しく近づいても来なかったし、冗談を言って大笑いするような陽気なヤノマミでもなかった。大声を張り上げるようなことも滅多になかったが（一度夜中に犬が交尾を始め、悩ましい声を上げた時があったが、怒鳴り声を聞いたのはその時ぐらいだった）、低い声音には皆が耳を傾けざるを得ない説得力があった。任侠映画で言えば、典型的な「姐さん」のような女だった。

森から戻ったモシーニャは、囲炉裏の脇に腰を下ろしたままだった。遠目に見ても、彼女の顔からは血の気が引き、目も虚ろだった。だが、どこかおかしいとは思いつつも、彼女に近づくことができなかった。まだ出産はしていないのではないか（食べ物のせいか、ヤノマミの女は加齢とともに下腹が出てきて「あんこ型」になるので、腹の大きさだけで出産を終えたのかどうか、僕らには分からなかった)、あるいは流産したのではないか、とあれこれ想像を巡らせるのが精一杯だった。しかし、女たちに尋ねてみると、誰もが口を揃えてこう言った。

「モシーニャは昨夜子どもを産んだ。子どもは精霊のまま天に返した」

僕たちはモザニアルと一緒にモシーニャの囲炉裏を訪ね、話を聞かせてもらえないかと頼んだ。モシーニャは無言のままだった。諦めようと思った矢先、夫のペデリーニョが少しおどけた様子で話し始めた。

「昨日、ずっとニンニ(痛い)、ニンニと言っていた」

だが、ペデリーニョが話す脇で、モシーニャは黙って果実を擦り潰していた。僕たちは仕方なく、ペデリーニョに聞いた。

「産まれたのか？」

「寝ていたから分からない」

ペデリーニョはそう言うと「ナプが聞きたがっているぞ」とモシーニャに再びけしかけた。それでも、モシーニャは黙ったままだった。僕たちは「話はいいから、仕事をしているところを撮影させてくれ」と言った。モシーニャは低い声で〈アウェ（いい）〉と答えた。

それからどれくらい経っただろう。たぶん、十分ほど経ってからだったように思う。モシーニャがぽつりぽつりと語り出した。遠くを見つめながら、全てを悟っているような、そしてある種の強さを滲ませた表情で、モシーニャはこう言ったのだ。

「腹が痛くなって森に行った。産まれた子どもは天に精霊のまま返した。首を絞めて白蟻の巣に入れた」

ヤノマミの世界では、産まれたばかりの子どもは人間ではない。精霊なのだ。

女が妊娠するのも精霊の力によると信じられていた。まず、大地から男の体内に入った精霊が精子となり、女の体内に入る。その時に天から〈ヤリ〉という精霊が下りてきて膣に住み着く。ヤリがその場所を気に入れば妊娠し、気に入らなければ妊娠しない。だから、母親の胎内に宿る命も精霊で、人間となるのは母親が子どもを抱き上げ、家に連れ帰った時だった。

モシーニャは精霊として産まれてきた子どもを人間にはせずに、精霊のまま天に返したのだ。

保健所では、一九九九年から出産データをとっていた。それによれば、ワトリキでは毎年およそ二十人の子どもが産まれ、半数以上が天に返されていた。

保健所に勤める看護助手は殆どが女性で、皆敬虔なカトリック信者だった。そのせいか、精霊のまま天に送るという習慣について語ることが辛そうだった。

看護助手は、子どもが産まれたと聞くと囲炉裏を訪ね、〈モシ（男）〉か〈ナ・バタ（女）〉かを聞き、記録につけていた。精霊として天に送られた場合は「堕胎」と記していた。看護助手によれば、「天に送った」と言うと看護助手の表情が曇ることにヤノマミの女たちが気づき、最近では「天に送った」とは言わず「死産だった」と言うようになったという。それはそれで複雑な思いがするが、もう一つ気になることを聞いた。どのヤノマミの集落でも子どもを天に送る習慣があるというが（キリスト教に改宗した集落はその限りではない）、ワトリキではその率が極めて高いのだという。どうしてなのか、看護助手は多くを語らなかったが、データを見る限り、新生児の生存率に関係があるように思えた。保健所が出来る前（一九九八年以前）のＮＧＯによる調査では、新生児の死亡率は三十パーセントを超えていた。だが、保健所ができ、ヤノマミの女が望めば新生児に栄養剤を与える程度の医療活動が始まると、死亡率は二パーセントを切ったのだ。「死亡率」が減ったために「堕胎」が増えた。データ上は、そう見えなくもなかった。

政府の中にはヤノマミにも避妊を教え、コンドームを配るべきだという考えがあるという。実際、他の先住民集落では配布の始まっているところもある（「人口調整」という意味よりエイズや性病防止の意味合いの方が強い）。だが、ヤノマミのように原初性を保つ部族にコンドームを配布すべきかどうか、政府部内でも答えは出ていないのだという。政府に批判的なNGOの職員によれば、それは独自文化の破壊を懸念しているからではなく、単なるコストの問題だという。NGOの職員は「コンドームを買うことができないぐらい、先住民保護の予算は少ないのだ」と憤りながら語った。

誤解のないように言っておきたいのだが、ヤノマミの女たちは何の感情もなしに子どもを天に送っているのではない。僕たちは、天に送った子どもたちを思って、女たちが一人の夜に泣くことを知っている。夢を見たと言っては泣き、声を聞いたと言っては泣き、陣痛を思い出したと言っては泣くのだ。ヤノマミのルール（掟と言うより習慣・風習に近い）では死者のことは忘れねばならないのに、女たちは忘れられないのだ。

子どもを天に送ってからおよそ三週間後、モシーニャが再び森に入った。白蟻の巣に納めた嬰児を巣ごと燃やしに行くのだ。僕たちは、夫であるペデリーニョを通じてモシーニャについて行くことは許されたが、ペデリーニョはその場所がどこなのか、知らないと言った。モシーニャも「森の中だ」としか答えてはくれなかった。モシーニャと僕たちが囲炉裏を出発する時、ペデリーニョは〈ブラッハ・マヒィーン（すごく遠い）〉と言って、アハフーと笑った。

シャボノの周りは森で囲まれているが、その内部には無数の道があった。畑に通じる道、雨の山に行く道、川に出る道、蛙の産卵場所の湿地帯に行く道……。それぞれが蟻の巣のように枝分かれして、時に合流し、あるいは途中で切れていた。モシーニャが歩いたのは畑に通じる道だったが、ものの数分歩くと脇道に入った。そして、さらに十分ほど歩くと、急に立ち止まって何かを探し始めた。彼女の目に留まったのは大きな葉が茂る熱帯特有の灌木だった。モシーニャは灌木に近づき、鉈《なた》で枝を切り落とし始めた。そして、枝を松明《たいまつ》のように束ねると火を点《つ》けた。そして、僕たちを見て、「ここで待て」のような仕草をした。

モシーニャは一人で森に分け入り、僕たちから十数メートル入ったところで立ち止まった。そこには地上から一メートルぐらいで切り落とされた木があり、白蟻の巣が括りつけられていた。三週間前、モシーニャは子どもを出産し天に送ると、木を切り倒し、近くから白蟻の巣を探してきて中に子どもの亡骸を納め、切り株の上に置いたのだ。

　モシーニャはその全てを一人で行っていた。全くの闇の中で、出産したばかりの女が、たった一人で行っていた。

　この日、モシーニャは長女を連れて来ていた。長女は昨年結婚したが、妊娠した後に別居し、実家に戻って来ていた。長女のお腹は大きく膨らんでいた。臨月が近いようだった。別居状態が続けば、長女はいわゆる「シングルマザー」となる。ヤノマミではシングルマザーであることの道義上の問題はないようだったが、経済的には問題がないとは言えない。狩りで獲物を獲って来る夫がいないからだ。長女の場合、夫の囲炉裏に戻らなければ、動物性タンパク質の全てを父親（ペデリーニョ）の狩りに頼ることになる。だが、モシーニャとペデリーニョ夫婦には、その長女の他に子どもが二人いた。つまり、出戻りの長女と産まれてくる子どもの分を合わせると、父親のペデリーニョは家族六人分の食糧を狩りで確保しなければならない。これは、並大抵のことではない。もしかすると、モシーニャは何かを伝えたくて、長女を連れて来たのかもしれなかった。

モシーニャは長女を呼び、薪を集めさせた。一緒に巣を燃やすのかと思って見ていたが、一定の距離から近くに呼ぼうとはしなかった。

モシーニャは一人で燃えさしを白蟻の巣に押し込み、口で風を送りながら燃やし始めた。

少しずつ、ゆっくり、木の枝を白蟻の巣の上に載せたり、中に刺したりして、白蟻の巣を燃やしていった。それは、料理を作る時の薪の燃やし方とはずいぶん違って見えた。一気にではなく、あくまで少しずつ、ゆっくりなのである。

モシーニャは一点を見つめながら、子どもの亡骸の入った白蟻の巣を燃やし続けた。

その場所はとりたてて深い森というわけではないのに、とてつもなく深い森の中にいるように感じられた。モシーニャは二時間以上をかけて巣を燃やし続けた。乾季のためか、乾き切った白蟻の巣がパチパチと燃える音だけが森に響いていた。

果てしない時間が過ぎたように思われた頃、白蟻の巣が木から落ちた。巣が割れ、内部が剝き出しになった。僕たちは一瞬目を塞いだが、そこには何もなかった。影も形もなかった。骨さえなかった。わずか三週間で、子どもは白蟻に食べ尽くされ、姿を消していた。肉も、皮も、骨も、全てが消えていた。

モシーニャの表情は変わらなかった。ただ、子どもの亡骸を食べた白蟻の巣を燃やし続けていた。

子どもを送るモシーニャを遠くから見ていて、精霊のまま天に送る場合と人間として迎え入れた場合の儀式の違いについて思った。人間として迎え入れた子どもの胎盤は森に吊るされ、白蟻に食べさせる。精霊のまま天に送る場合は子どもと胎盤もろとも白蟻の巣に入れ、白蟻に食べさせたのち、巣ごと焼き払う。どちらも蟻だ。似ていると言えば似ているが、明らかに手間と時間が違う。精霊のまま天に送る場合は、出産直後に白蟻の巣を探し亡骸を納めるという手間もあれば、長い時間をかけて巣を燃やす手間もある。この違いは何なのだろう。

僕には「儀式」という言葉しか浮かんでこなかった。手間をかけて少しずつ燃やす儀式。子どもを天に送った母親に課せられた儀式。森の摂理の中で生きることを確認する儀式。

白蟻の巣がすっかり灰となった時、モシーニャは僕たちに近づき、〈マッパライオーマ（終わった）〉とだけ言うと、シャボノに戻っていった。

数日後、夜中に女の泣き声で起こされた。僕たちの囲炉裏の向かい側、ペデリーニョとモシーニャの囲炉裏のある方向だった。泣き声は余りに鋭くて、近づいて確かめることなど、とてもできなかった。闇夜に女の泣き声が何時間も続いた。

翌朝、ペデリーニョが僕らの囲炉裏に遊びに来た。ペデリーニョが言った。

「妻がずっと泣いていたから眠れなかった」

どんな表情をしていいのか、分からなかった。だから、言葉が分からないフリをした。ペデリーニョはそんなことを全く気にせず、何度も目を擦って〈マリシ、マリシ（眠たい、眠たい）〉と言った。

モシーニャの嗚咽は、その後幾夜か続いた。

スザナの出産

ワトリキに同居してちょうど百日目、シャボリ・バタの五女スザナ（二十代後半）が出産した。満月の夜だった。

僕たちにとって幸運だったのは、スザナの夫がモザニアルの次にポルトガル語が堪能なことだった。どこまでなら撮れるのか、どの一線を越えると嫌がるのか、一つ一つ確認しながら、二人の囲炉裏の近くにハンモックを吊り、スザナの出産を待つことができた。

スザナはシャボリ・バタの娘たちの中でもとりわけ気立てのいい女だった。よく働き、聡明で、いつも笑みを絶やさない。ヤノマミの女はよく笑うが、スザナほどよく笑う女は他にいなかった。中年の男たちにスザナのことを聞くと、彼らは口を揃えて「スザナはワトリキ一番のいい女だ」のようなことを言った。家柄（そんなものがあるとすればだが）も申し分なく、優しく、働き者で、ヤノマミの男が好む豊満な体つきをしていたからだと思う。結婚前、スザナには多くワトリキの男が求婚していた。長老の一人は妻がいながらスザナに言い寄った。長老はふられたが、以来、その長老の妻とスザナは口をきかない間柄になった。

スザナは七年前に結婚し子どもが三人いた。今回、スザナが妊娠した時、夫は嬉しそうではなかった。ヤノマミの男は妊娠・出産には関心を示さないから（本当に関心がないのか、それが風習なのかは分からなかった）、深い意味はないのだろうと思っていた。だが、夫はポルトガル語で「子どもが増えると狩りが大変になる。もう子どもは欲しくない。でもスザナは喜んでいる。困っているが仕方ない」と言った。

ワトリキにおける出産のルールを聞いたのは、その夫からだった。精霊として産まれてくる子どもを人間として迎え入れるのか、天に返すのか、その決定権は母親にあること。母親の決定は絶対で、周りの者たちは理由も聞かずただ受け入れること。「仕方ない」という夫の言葉には、自分は欲しくないけど仕方ない、どうしようもない、というニュアンスが込められていた。

臨月が近づくと、スザナの家族はシャボノを離れ、家族の畑に近い〈タピリ（小屋）〉で暮らし始めた。僕たちもタピリに泊まり込み、出産の日を待った。

出産を待つ間、僕たちは自分のお腹をおさえながら、スザナに〈ニンニ？（痛い？）〉と聞くことが日課となった。たぶん、二、三時間おきに聞いたと思う。朝起きてバナナのお粥を作っている時、水汲みから戻って来た時、畑に向かう時や農作業の休憩中、囲炉裏に火をおこす時、眠る前や夜中に起きて彼女が外に用を足しに行こうとする時。普通なら、いい加減にしてくれと思うはずだ。もしかすると、少しは面倒に思っていたかもしれない。しかし、スザナは、その度に〈ニンニ・ミ！（痛くない！）〉と答え、子どものように笑ってくれた。

そして、満月の夜が来た。僕たちが屋外で月を撮影していた時、夫が近づいてきて、こう呟いた。

〈スザナ、ニンニ〉

陣痛が始まったのだ。事前に、三人目の子どもを出産した時、陣痛が始まってからどれくらいで出産したのか、例のモトカ（太陽）時間でスザナに聞いたことがあった。スザナの答えは、おおよそ二時間だった。僕たちは急いでタピリに戻り、スザナの近くに張ってあるハンモックで寝転びながら、森で出産するためにスザナがタピリを出る時をじっと待った。

だが、事は簡単には運ばなかった。陣痛は午後七時に始まったのだが、二時間を過ぎても産まれる気配が一向になかった。途中、スザナの母親（シャボリ・バタの妻ホジナ）が来て、スザナの腹を摩りながら「頭の位置は問題なし」と言って、すぐに出ていった。そして、十時ぐらいからは姉妹たちが集まって来てスザナに代わる代わる声をかけた。姉妹は囲炉裏の周りに座り、僕たちと同じようにスザナが森に行く時を待った。

十二時を回った頃、スザナが森に入った。僕たちは夫に通訳をお願いして、「森の入り口のバナナの木のところで待っているから、産まれたら合図してくれ」と女たちに頼んだ。女たちは快諾してくれた。

だが、いくら待っても子どもが産まれる気配はなかった。そうしているうちに女たちが森から戻って来てタピリに入った。「どうしたの？」と聞いても、誰も何も答えてはくれなかった。緊迫した空気が張り詰めていた。タピリの周りには男たちも集まってきた。中々産まれないことを聞きつけてやって来たようだった。男たちは何やら相談を始めた。男たちが出産に関わることはないと聞いていたので、不思議だな、と思いながら男たちの相談を眺めていたのだが、突然、ぞっとする単語が聞こえて来た。あの、〈ナプ〉だった。ナプがいるから産まれない。ナプのせいだ。おそらく、そんなことを話していたのだと思う。

男たちの輪の中にスザナの夫はいなかった。彼に通訳をしてもらおうと思ったが、タピリの中のハンモックで熟睡していて、起きる気配を微塵も見せなかった。焦った僕たちは、集まった男たちに身ぶり手ぶりで「産まれるまで女たちには近づかない。ここにいるだけだ。問題ない」と懸命に説明した。言葉がうまく通じたかどうか自信はまるでなかったが、僕たちの懸命さは分かってくれたのだろう。男たちは何となく頷いて相談を打ち切り、シャボノに戻っていった。

だが、ホッとしたのも束の間だった。気づくと、女たちはタピリからいなくなっていた。男たちを説得することに夢中になっているうちに、見失ってしまったのだ。森に入ったようだった。

満月とはいえ、森の中は真っ暗闇なのだ。懐中電灯で探して女たちを驚かせるわけにもいかなかった。絶望的な気持ちでタピリの前にいると、スザナの姉がタピリに戻って来た。そして、僕たちを見て〈ウリヒ・サァイン・マヒィーン（森の中はとても寒い）〉と言った。そして、森の中が寒いから、タピリに戻り囲炉裏から燃えさしを持っていこうとしていたのだ。僕たちは僥倖《ぎょうこう》に感謝した。そして、姉について森の入り口まで一緒に行き、ここで待つから産まれたら呼んでくれと頼んだ。姉は「すぐに産まれる」というようなことを言って、少しだけ微笑んで森に入っていった。

それからおよそ二時間後。時計を見たら午前三時四十五分だった。闇の中から産声がして、〈ナカリー（来て）〉という声が聞こえた。僕たちは森に入った。森の中はとても暗くて、見えるものと言えば燃えさしの赤い炎だけだった。

スザナが出産したのは僕たちから十メートルも離れていないバナナ畑の中だった。近づいていくと、スザナがバナナの樹の根元に座っているのが見えた。周りを取り囲んでいた女たちはみんな笑っていた。一人が〈ナ・バタ（女の子）〉だと言った。

無事に出産したように思えて、僕たちは安堵した。そして、もう一度スザナに目線を戻した時、しっくりとしない感情が湧きあがってきた。何かが足りない……そこにいるはずの何かが欠けている……。

それは母親の腕に抱かれているべき、子どもの姿だった。スザナの腕の中に子どもはいなかった。母親が抱いていると思っていた赤子は地面に転がっていた。手足をばたつかせ、腹部から下を血だらけにして、地面に転がっていた。白濁した色をした臍の緒が伸び、そこから五十センチほど先には真っ赤なレバーのような臓器が落ちていた。胎盤だった。

一分、二分、五分。いや、十分以上経ってもスザナは動かなかった。ただ、手足をばたつかせている子どもを見ているだけだった。時折、スザナの姉が赤子を泣かせるために、口に手を入れた。気道を確保しているようにも見えた。だが、スザナは動かない。いつまでも動かない。ただ、じっと見つめるだけだった。その目は我が子を慈しむ母の顔ではなかった。スザナはただじっと赤子を見続けていた。

およそ二十分後、スザナがバナナの葉を持ってきて、胎盤を包んだ。痛みに打ち勝つ強い子どもに育つようにという願いから、蟻に食べさせるためだ。そして、初めて子どもを抱くと、タピリに戻っていった。

僕はその場で起きることの全てを受け止める覚悟で同居を始めた。何が起きても平気なのだ、といつも言い聞かせていた。出産に立ち会う時も心構えは一緒だった。それなのに、この時はなぜかほっとした。僕らの社会の尺度で彼らを見ないと決めていたのに、僕らの社会の尺度で出産を見つめ、ほっとした。

タピリに戻ると、スザナは子どもを見つめながら、お湯で子どもの身体を洗い始めた。スザナの表情は森の中とはまるで違っていた。観察者のような顔から母の顔に変わっていた。

親戚の女や子どもたちもタピリに集まってきた。みんな微笑んでいた。人垣がスザナ母子を囲むようにできた。みんなが祝福しているようだった。しばらくして夜が明けた。出産してから二時間近くが経っていたが、人垣は中々解けなかった。

そうしている間もスザナの夫は眠り続けていた。寝たふりかもしれないとも思ったが、放っておくことにした。

撮影が一段落したのは朝六時。徹夜明けの僕たちは、気づくとハンモックで眠り込んでしまっていた。そして、八時に目が覚めた時、夕ピリに夫の姿はなかった。

夕方になって夫が戻って来た時、その手には大きな黒い鳥が抱えられていた。子どもを見ることも、抱くこともなく、彼は狩りに行ったのだ。そして、家族五人分の獲物を獲ってきたのだ。

精霊か、人間か、ワトリキでは母親が決める。どんな結論を下したとしても、周りの者たちは受け入れる。理由も聞かず、ただ受け入れる。そして、人間として迎え入れた子どもを両親は生涯をかけて育てる。男も何も言わず、狩りの回数を増やす。

スザナは自分の意思で子どもを人間として迎え入れ、夫はスザナの決定に黙って従い、夜明けとともに狩りに行ったのだ。

ローリの出産

僕たちが出産に立ち会った中で最も衝撃を受けたのは、ローリという名の十四歳の少女だった。ローリは父親の分からない子どもを妊娠し、四十五時間もの陣痛に苦しんだ果てに、産まれたばかりの我が子を精霊のまま天に送った。

ローリを初めて見たのは森の中だった。彼女は同世代の女友だちと〈ウルクン〉という紅い実をつけ合っていた。その姿はとても無邪気で、無垢に見えた。少女たちのグループの中で、ローリは目立たない少女だった。闊達《かったつ》な少女の陰に隠れて後をついていくような、男の子と積極的に話す女友だちから離れて一人聞き耳を立てているような、「奥手な感じ」のする少女だった。

僕たちと会っても、ローリの方から声を掛けてくることはなかった。こちらから何か話しかけた時だけ、はにかんだ表情を浮かべ、首を少しだけ傾《かし》げて俯《うつむ》いた。

だが、そんな彼女の意外な側面を僕たちは立て続けに見ることになった。

二〇〇八年二月、僕たちは祭りのために行う集団での猿狩りに同行した。狩りは森の中に野営地を作り、そこに家族ごとで仮の家を建てて行われたのだが、ローリの家族も狩りに参加していた。男たちが森で猿の群れを追っている間、ローリは姉の子どもの子守りをしたり、女友だちと釣りをして遊んだり、ウルクンを身体に付け合ったりしていた。

ある日、射止められた母親の猿にしがみつき、森の野営地までついてきた子どもの猿がいた。生後間もない猿だった。母猿が肉片になって燻製棚に置かれた頃、子猿は野営地でけたたましく泣き出した。キャッ、キャッ、キャッ、と激しく泣いた。すると、子守りをしながら子猿を見ていたローリが動いた。子猿を摑み上げ膝に乗せると、僕らが飼い猫や飼い犬にするように、その毛を撫で始めた。そして、口を開かせて、子猿に自分の唾液を含ませたのだ。有無を言わさず、子猿の両手を摑み、その自由を奪った上で口を押しつけ、強引に唾液を含ませたのだ。そこには、気の弱い少女の面影はなかった。子猿に対する絶対的保護者のように、ローリは何度も唾液を飲ませた。野生の猿は母親以外には懐かないとされている。ローリは自分の匂いを覚えさせることで、子猿の母親代わりになろうとしていたのだ。

しばらくして、菅井カメラマンが撮影していることに気づくと、ローリはこちらを

祭りの日のローリ（中央）

チラッと見ていつものようにはにかんで笑ったが、すぐに子猿に視線を移して唾液を飲ませ続けた。思えば、それがローリの少女らしい笑顔を見た最後の日となった。

その二週間後の二月中旬、ラシャの実が熟し、ラシャの祭りが始まった。祭りの間、人々は飲んで、祝って、歌って、踊った。それが、二か月近く続いた。

ある晩、真夜中の踊りが始まった。男が歌い出し、少しずつ人数が増えていくと、そこに女が加わり始め、ともに歌った。最初は男だけの歌、次には女だけの歌、最後には男女が一緒になって歌い、踊った。その日はちょうど新月で、誰がどのように踊っているのか、僕たちには全く見えなかった。ただ、闇の中から声と足音と身体がぶつかり合う音だけが聞こえた。後日、暗視機能のついたカメラで撮影した映像を見てみると、そこには原初の男と女のあられもない姿が写っていた。女たちは男のパンツを引っ張り、臀部に手を入れていた。男たちは女たちの首に巻いた手で乳房を触っていた。男も女も、汗びっしょりだった。

ローリも踊りの中にいた。誰を気にするでもなく、大声で歌を歌い、男と腕を組んで踊っていた。男の腰に腕を回し、様々な男に乳房を揉まれながら、ローリは踊り続けていた。

夜が明けた時、若い男と女はシャボノから消えていた。ローリの姿もどこにもなかった。

僕たちは三月中旬に一度ワトリキを離れ、日本に帰国した。そして、雨季の終わりの八月に再度訪れたのだが、その時、ローリは妊娠していた。父親の分からない子どもを妊娠していた。そして、無垢で照れ屋で地味だった少女は笑わない女になっていた。

雨季が明けた九月、ローリの家族がシャボノから消えた。ローリは一つの囲炉裏に父、母、兄、夫と別居中の姉と姉の子どもの合計六人で暮らしていたが、その全員がシャボノから消えたのだ。モザニアルに聞いてみたが、「知らない」と言うだけだった。数日をかけてしつこく聞き回ると、ペデリーニョがこう教えてくれた。

「怒って出ていった。娘が妊娠した」

ローリの家族はシャボノから二キロほど離れた森の中にタピリ（小屋）を作っていた。シャボノの周辺には十棟程のタピリがあったが、その中で最も粗末な作りだった。柱は隙間だらけで、壁と天井に葺かれていたバナナの葉は腐っていた。タピリの前には食べ滓や仕留めた動物の臓器が無造作に捨てられていて、腐臭が漂い、大型の蠅が数え切れないぐらい飛び交っていた。また、タピリに入ると、何日か前に降った雨が中まで入り込んでいて、土間が水浸しになっていた。

僕たちはモザニアルと一緒にタピリを訪ね、ローリの父親になぜシャボノを出ていったのか、理由を聞こうとした。しかし、父親は「農作業のためにタピリに来た」と答えるだけだった。娘の妊娠については、「男が名乗り出て畑を手伝ってくれるとありがたい。ヤノマミは結婚する場合、男は女の家の畑を手伝い、許しを請うのだ」と言った。そして、名乗り出る男がいない時はどうするのかと聞くと、「それは、娘が決めることだ」と言った。ローリにもいろいろ聞いてみたが、何を聞いても、〈タイ・ミ（知らない）〉と言うだけだった。

家族の中で妊娠していたのはローリだけではなかった。二十歳前後の姉も妊娠中で間もなく臨月を迎えようとしていた。しかも、ローリと同様、姉も父親の分からない子どもを身籠っていた。

ローリの姉は一年ほど前に夫と別れ、親の囲炉裏に戻ってきていた。夫と別れた後、他の男とつき合って妊娠したようだった。お腹の子どもの父親は誰なのか、両親は「知らない」と言った。そして、ローリの場合と同じように「父親が分かったら畑を作らせる」とだけ言った。

父親にしてみれば災難かも知れなかった。出戻りの姉と十四歳の妹が、ともに父親の分からない子どもを身籠っているのだ。子どもができれば、それだけ家族が増える。狩りの回数も増やさねばならない。だが、父親自身は既に四十半ばを越えていて、若くはなかった。観察していると、狩りに行っても何も獲って来ないか、獲ってきたとしても比較的獲り易いとされている鳥や陸ガメが多かった。「妊娠させた男は名乗り出て女の実家の畑を手伝うべきだ」という父親の言葉には、その肩にかかる重荷と苛立ちのようなものが感じられた。

タピリを訪れてから一週間後、姉は子どもを出産し、精霊のまま天に返した。さらに二週間後にはタピリの近くから煙が上がり、数時間燃え続けた。おそらく、姉が白蟻の巣を燃やしていたのだろうと思われた。

姉が白蟻の巣を焼いた翌日、僕たちがタピリを訪ねると、別れたはずの夫が姉と一緒にタピリにいた。ヨリを戻したので一緒に住むことにしたのだという。男は「頼まれたから戻って来た」とだけ言った。父親は喜んでいた。狩りの担い手が一人増えるのだ。しかも、男は三十代前半の働き盛りだった。ローリの姉は、子どもを精霊のまま天に送り、白蟻の巣を燃やす儀式も終えると、元夫を訪ね復縁を頼んだようだった。分かり易く言えば、姉は「禊《みそぎ》」を済ませ、別れた夫はその「禊」に応えただけなのかもしれない。だが、言葉にすると、どうしても軽く感じてしまう。他の誰かの子どもを天に返した翌日、夫に復縁を迫る。そこには、僕らの想像を超えた強靭な何かがあるような気がした。

雨の山から突風がよく吹いた十二月初旬、ローリの家族がシャボノに戻って来た。

なぜ戻ってきたのか、家族は何も語ろうとはしなかった。ただ、ローリに臨月が近づいていた。そして、名乗り出る男は相変わらず誰もいなかった。

十二月五日の夜のヘレアムゥで、若頭クラスの男が「初めての出産だから、女たちは手伝った方がいい」と言った。すると、ローリの母親が言葉を返し（女のヘレアムゥを見たのはこの一回だけだった）、「出産は慣れている。心配しなくても大丈夫だ」と言った。

十二月六日の夜七時頃、ローリの陣痛が始まった。殆ど何も食べず、直前までしていた子守りも止めてハンモックに寝込んでしまった。時おり、小さな呻き声が聞こえた。

二十四時間が経った十二月七日の夜七時、ローリが母親に連れられてシャボノを出た。森に向かったのだ。気配を感じ取ったのか、数人の女たちが後を追った。ローリはシャボノの出口から十メートルほどのところにハンモックを張った。

夜が更けるに従って陣痛の間隔は短くなっていった。ローリは三十分おきにハンモックから降り、両脚を開いて、子どもを産み落とそうとしていた。だが、子どもは中々産まれない。母親は火を起こし、自分の手を温めてはローリの腹部を摩った。痛みが激しいのか、ローリは泣き続けていた。呻くような、すすり泣くような声が、闇の中に響き続けた。

夜が明けても子どもは産まれなかった。場所が悪いと思ったのか、女たちは出産場所を変え、さらに森の奥へと入っていった。それでも子どもは産まれなかった。

翌朝の九時過ぎ、若いシャーマンが幻覚剤のエクワナを急くように吸い始めた。ローリにシャボリを施すようだった。ローリは森からシャボノまで連れ戻され、男からシャボリを受けた。若いシャーマンが言った。

「女の性器には出産を妨げる精霊が付いている。その精霊がいる限り、女は弱気になって子どもを産むことができない。だから勇気の精霊を探して送り込んだ。そのうち産まれるはずだ」

シャボリが終わると、女たちは再び森を転々とした。ローリも移動しては踏ん張り、また移動しては踏ん張った。出産に導いてくれる精霊を探すように、女たちが森を流離《さすら》っているように見えた。

午後一時になって、ローリの父親がやって来て娘を森から連れ出し、シャボノに連れ帰った。男が出産現場に来ることはないと聞いていたので、僕たちは驚き、慌てた。

父親が連れていったのは七大ファミリーの一人で、シャボリ・バタの直属の弟子と思われるシャーマンだった。シャボリは一時間近く続いた。シャボリの叫び声とローリの泣き声がシャボノの中から交互に聞こえた。

シャボリが終わった時、そのシャーマンは僕たちに近づいてきて、モトカ（太陽）を指して何かを言った。太陽がその位置に来る頃に子どもは産まれる、と言っているようだった。シャボリが終わるとローリは泣きながら森に戻っていった。僕たちは女たちから数十メートル離れたところで見守ったが、泣き声が途絶えることはなかった。

そして、陣痛から四十五時間後の午後四時過ぎ、七か所目の森にいた女たちから大声で呼ばれた。「こっちへ来い」というのだ。その方向を見ると、森の中で女たちが笑っていた。ついに産まれたのだ。四十五時間眠らず、痛みで泣き続けた末に、ローリは子どもを産み落としたのだ。僕は心の中で「よく頑張った」と言いながら、女たちに近づいていった。不覚にも涙が零れてきた。十四歳の少女が長い時間苦しんで、命を産み落としたのだ。「おめでとう」と言いたかった。一刻も早くローリの顔を見て、よく頑張ったね、と祝福してあげたかった。

だが、それは、僕の尺度で推し量った勝手な思い込みに過ぎなかった。僕は「森の摂理」を忘れていただけだったのだ。女たちに呼ばれてから一分後、僕は生涯を通じてもこれほどのショックを受けたことはないと思われる、衝撃的な光景を目の当たりにすることになった。

ローリはすっかりやつれていた。暗い表情のまま俯いていた。その傍に子どもが転がっていた。女の子だった。子どもは手足をばたつかせていた。ローリの母親が来て、産まれたばかりの子どもをうつぶせにした。そして、すぐにローリから離れた。子どもの前にローリだけが残された。女たちの視線がローリに集まった。一瞬嫌な予感がしたが、それはすぐに現実となった。暗い顔をしたローリは子どもの背中に右足を乗せ、両手で首を絞め始めた。とっさに目を背けてしまった。すると、僕の仕草を見て、遠巻きに囲んでいた二十人ほどの女たちが笑い出した。女たちからすると、僕の仕草は異質なものだったのだ。失笑のような笑いだった。僕はその場を穢してしまったと思った。僕のせいで、笑いなど起きるはずのない空間に笑いを起こしてしまった。僕は意を決してローリの方に振り返った。視界に菅井カメラマンが入った。物凄い形相で撮影を続けていた。

僕たちは見なければならない。そう思った。そもそも、僕たちから頼んだことなのだ。出産に立ち会わせてくれと頼んだのは、ナプである僕たちなのだ。僕たちは見届けねばならない。僕は何度も自分にそう言い聞かせた。

自分の髪が逆立っているように感じられた。心臓が口からせり出しそうになるほど、激しい動悸も襲ってきた。そして、足が震えて、うまく歩くことができなかった。だが、僕たちは見なければならない。ここで見なければならない。僕は、それだけを唱え続けながら、震える足で森の中に立っていた。


たぶん、僕はローリだけを見ていたのだと思う。彼女は表情を殆ど変えなかった。憔悴しきっていたのかもしれない。暗い瞳を子どもの方に向けながら子どもを絞め続けていた。時おり、女たちがローリの方を指さして何やら言った。小さな子どもたちも集まって来て、親の陰に隠れるようにして、ローリの行為をずっと見つめていた。

その時、ローリの周りには二十人以上の女たちが集まっていた。女の子どもたちもいた。これも儀式なのかもしれないと思った。みんなで送る儀式。精霊のまま天に返し、みんなで見届ける儀式。なぜその子は天に返され、自分は人間として迎え入れられたのか、それぞれが自問する儀式。女だけが背負わねばならない業のようなものを女だけで共有する儀式……。

その長い長い儀式は、天に返された子どもの亡骸がバナナの葉に包まれた時、終わった。森に集まっていた女たちが一斉に踵を返し、シャボノに戻り始めた。瞬く間に森から誰もいなくなった。バナナの葉に包まれた子どもの亡骸だけが残された。

その夜、ローリはハンモックには眠らなかった。出血が続いているようだった。ローリはハンモックに背中を預けながら、地面に腰を下ろしたまま一夜を明かした。

夜明け前、ローリの囲炉裏から声が聞こえてきた。父親が何かを喋っていた。昔捕まえた大きな獲物の話、たくさんの人が来た祭りの話。だが、何よりも僕たちの心を打ったのは、森についての話だった。父親はこう呟き続けていた。

「森は大きい。歩けないほど大きい」

同じ日の朝早く、ローリの母親と姉がバナナの葉に包まれた子どもの亡骸を持って森に入った。二人は亡骸を納める白蟻の巣を森に探した。二人が選んだのは木の上にある巣ではなく、地面から盛り上がるように作られた円錐形の巣だった。その白蟻の巣は六十センチ程の高さがあり、こんもりと膨らんでいた。ローリの姉が白蟻の巣に縦長の切れ目を入れ、その中に嬰児の亡骸を納めた。僕たちには、その縦長の切れ目が女性器のように見えた。嬰児が〈ナ・バタ〉に還っていくように見えた。

儀式が終わっても僕たちの混乱と動揺は収まらなかった。

女たちはどんな理由から人間か精霊かを決断するのか。そもそも精霊と人間との垣根は何なのか。どうして女だけが命を巡る軛《くびき》を背負わされるのか。いろいろな想いが浮かび、浮かんでは消えた。

精霊か、人間か。女たちは、いったい何を基準に決断するのだろう。養えるか養えないかという経済的な理由なのだろうか。いわゆる不義の子か夫の子かといった道義的なことなのだろうか。父母の意見が優先されるのだろうか。僕たちの知らない集落の掟でもあるのだろうか……しかし、答えは見つからない。ヤノマミの女たちがその理由を決して語らない以上、僕たちには永遠に分からない。

僕はこう思うしかなかった。

もしかすると、ローリ自身にも理由は分からないのかもしれない。彼女は僕が想像できるような小さな理由からではなく、もっと大きな理由から我が子を精霊のまま天に送ったのかもしれない。その理由とは、言葉で表すことができないぐらいの、途轍《とてつ》もなく大きなものなのかもしれない。それなのに、理由や基準を知りたいということは、彼女の決断を僕たちの社会の尺度から測ることなのではないか。そして、そもそも、けっして語られることのない理由を考えることに、何の意味があるというのか。

菅井カメラマンは今を生きる子どもたちを狂ったように撮り始めた。雨が降るとパンツ一丁になってシャボノを出ていき、子どもたちと一緒に走り回りながら撮影を続けた。

僕はヤノマミの夫たちと同様、受け入れるしかないと思うようになっていった。だが、そう思おうとしても、心の動揺は収まらなかった。なぜ、これほど心が掻き乱されるのだろう。あれこれ考えてはみたものの、考えれば考えるほど、動揺は深まっていくようにしか思えなかった。

僕の中で何かが崩れ落ちそうだった。考えれば考えるほど、何かが壊れてしまいそうだった。だから、眠ろうと思った。眠れば救われると思った。それなのに、うまく眠ることもできず、心身は憔悴していった。そのうち、立っていることさえ辛くなり、歩けば木の根に躓《つまず》いてよく転んだ。

女たちは川に入る

それでも、ローリのことだけはずっと見ていようと思っていた。

子どもを精霊のまま天に送った翌日、ローリのもとに姉が子どもを連れて遊びにきた。姉の子どもは三歳ぐらいだったから、ローリにおっぱいのおねだりをした。子どもが乳房に手をやり乳首を口に含むと、白い母乳が滴り浅黒い肌を伝わった。ローリは気だるそうだったが、子どもにされるままにしていた。

ローリは殆どシャボノから出なかった。そして、夜はハンモックを使わず、地面に腰を下ろしたまま眠った。出血が止まらないようだった。

五日後、シャボノから女たちの姿が消えた。ローリの姿もなかった。暇そうにしていた男たちに聞くと「川に行った」という。僕たちは急いで後を追った。幸いなことに、三十分ほどで、一列となって森を進む女たちに追いつくことができた。そこに、ローリもいた。

女たちは森を二時間歩き、漁のポイントとなる川べりに着いた。毒草を川に流し、痺れて浮かんでくる魚を獲るチンボ漁が始まるようだった。ある者はチンボを磨り潰し始め、ある者は持ってきたパパイヤを食べ、ある者はウルクンを全身に塗り始めた。しばらくすると、誰かが木の下にワニの卵を見つけた。女たちはそれぞれの仕事や遊びを止めて集まってきた。そして、巨大な卵を代わる代わる手にとって笑った。

いよいよ漁が始まるという時になって、激しい雨が降り始めた。川面に突き刺す雨音で会話もできないほどの豪雨だった。だが、女たちは激しい雨の中を川に入っていった。老女も、子供も、臨月の近い妊婦も川に入っていった。そして、老女も子供も妊婦も、首まで川に浸かって魚を獲った。

ローリも魚を獲っていた。ローリの髪は雨でずぶ濡れになっていた。腰巻もずぶ濡れだった。それでも、ローリは真剣に川面を見つめていた。その瞳には、浮かんでくる魚を一匹も逃さないという強い意思があった。

女たちは二時間をかけてゆっくりと川を下った。雨は止む気配さえなかった。

途中、川べりに大きな白蟻の巣があり、菅井カメラマンが白蟻の巣を見ながら、「彼らは森を食べて、森に食べられるんだなぁ」と言った。

明日を生きるために魚を獲る場所で、子どもを納める白蟻の巣が激しく雨に打たれていた。彼らが生まれ、殺し、死に、土に還っていく円環を思った。彼らは体験的に自分がその円環の一部であることを自覚しているように感じられた。たぶん、彼らは全てを受け入れている。そう思った。森で産まれ、森を食べ、森に食べられるという摂理も、自分たちがただそれだけの存在として森に在ることも、全てを受け入れていると思った。

もちろん、それが正しいのか、僕には分からない。僕に分かることがあるとすれば、これからも人は生まれ、猿も生まれ、ジャガーも生まれ、蟋蟀《こおろぎ》も生まれ、蟻も生まれるということだけだ。乾季と雨季が何度も繰り返すように、生も死も何度も繰り返す。生まれて、死んで、また生まれる。それだけのような気がした。

雨は中々止まなかったが、女たちの漁は何時間も続いた。

僕たちは体力の限界を感じ、森の中で雨宿りをすることにした。そして、雨に打たれながらも楽しそうに漁を続ける女たちを眺め続けた。

どれくらいの時間が経ってからだったろう。川を降りて行くローリの後ろ姿が目に入った。ローリは魚を追いながら、雨に煙る森の中に消えていった。すると、ローリが消えていった方向からアマゾンで最も美しいといわれるモルフォ蝶が舞ってきた。僕らは一瞬目を奪われたが、女たちは誰一人、その青い蝶に関心を示さなかった。

第六章　シャボリ・バタ、十九度の流転

ワトリキの創設者

ある日、モザニアルが「ワトリキのシャボノもずいぶん古くなった」と言って、自分の囲炉裏の上の屋根を補修し始めた。聞くと、十年以上は経っているという。そこで気になった。彼らはずっとここにいたのか、それとも、何か所かシャボノを変えたのか……。

そして、同居百四十日が過ぎた頃、シャボリ・バタから興味深い話を聞いた。シャボリ・バタは「何度となく森を歩き、シャボノを作り、結婚し、時に子どもを拾った」と言ったのだ。以来、残りの滞在時間を僕はシャボリ・バタの身内や昔を知る人の証言を集めることに費やした。

僕たちはワトリキに至るまでの道のりを知りたいと思ったのだ。

シャボリ・バタは「何度となく森を歩いた」と言った。歩いては家を作り、また歩いては別の家を作った。歩いては女と出会い、また歩いては別の女と出会った。そして、仲間を増やしたり減らしたりしながら歩き続けた、と言った。

それは、モンゴロイドの流転にも似ていた。今から、二万五千〜二万二千年前（諸説あり）、モンゴロイドの一派はアジアから凍てついたベーリング海を越え、アメリカ大陸へと渡っていった。そして、さらに歩き続け、一万年をかけて南アメリカの最南端まで到達した。ヤノマミはその道中で枝分かれした無数のグループの中の一つだ。アジアから南北アメリカを歩き続けたモンゴロイドと、森を歩き続けたシャボリ・バタ……。

シャボリ・バタは五十年近く森を歩き、実に十九度の流転の末にワトリキに辿り着いていた。そして、ワトリキはシャボリ・バタと彼の子孫たちが中心となって建設された家だった。シャボリ・バタはワトリキの創始者であり、父でもあったのだ。

森を歩き出す〔スルクク?→マカビ→シアイアビ→ワカダゥ　一九四〇—五〇年代?〕

シャボリ・バタの十九度の流転。その長い物語は、彼が森を歩き始めることから始まる。シャボリ・バタが生まれたのは〈スルクク〉というヤノマミの一大集落か、その近くだ。そして、スルククを出て、一人〈マカビ〉という土地に落ち着く。おそらく、一九四〇年代のことと思われる。
シャボリ・バタの話はマカビを出るところから始まった。

森を歩いた
マカビを出て森を歩いた
ヤノマミは歩く
スルククとマカビで暮らしたあと　ずっと森を歩き続けた
どこまでも歩き続けた

シャボリ・バタはマカビの後、〈シアイアビ〉という土地に移ったが、その名前しか語らなかった。一族の者や他の長老にも当たってみたが、シアイアビはどこにあり、そこで何が起きたのか、知る者はいなかった。シアイアビという名を初めて聞いた者が殆どだった。

シアイアビを出て再び森を歩いたシャボリ・バタは、一九五〇年代（推定）に〈ワカダゥ〉という土地を見つけた。

森を歩いていると声がした
怖くなって走った
次の日も声がした
怖くなって　また走った
声は夜も聞こえてくるようになった
だから　夜も歩いた
私はそのようにして森の精霊の声を聞けるようになった
私はシャボリをするようになっていた
さらに森を歩いて知らない土地に着いた

椰子の実が実る川があった
ワカダゥ（果物の川）と名付けた
ワカダゥは豊かだった
私は若く　誰よりも働き者で　狩りも上手だった
大きなシャボノを建てた
ワカダゥに大きなシャボノを建てた
兄弟や友人が集まった
シャボノは賑やかになった
冗談を言い合うヤノマミの声がいつも聞こえた

ヤノマミの集落は氏族を中心として作られるが、何度も集合と離散を繰り返すという。その中には、シャボリ・バタのように集団を離れ一人で森を歩く者もいる。通常は途中で別の集団と出会い、その一員になることが多いのだが、シャボリ・バタはどこまでも一人で歩き続けたようだ。

シャボリ・バタが生まれたスルククという土地はヤノマミの集落の中でも血の気の

多い場所とされている。ワトリキの人々にスルククの話をすると、殆どのヤノマミが顔を顰《しか》める。ワトリキでも女を巡る争いはよく起きるが、スルククに比べるとだいぶ大人しい。ワトリキでは棒で殴る程度だが、スルククの場合、刃物で相手の腕を切り落としたり、殺してしまう例も少なくない。実際、二〇〇八年にスルククにある政府の保健所が把握したケースでは、他の集落の男に妻を攫われた男が山刀を持って取り返しに行ったことがあった。男はまず妻を奪った男を殺し、さらに、自分の妻の片腕をもその場で切り落としたという。

一般的に先住民の世界では——西欧史や中国史や日本史にも同じような事例が多々あるが——仲間割れや集団の分裂は女を巡るトラブルから起きることが多い。もしかすると、シャボリ・バタも女を巡るトラブルでスルククを追われた（あるいは自らの意思で離れた）のかもしれなかったが、とても聞くことができなかった。

鉄器を知り、石器を捨てる〔アヒアヒビゥ　一九六〇年代前半？〕

一九五〇～六〇年代のいつか、シャボリ・バタはワカダゥを離れ、次の定住地を探した。魚が減ったためだった。

魚が減ったから　ワカダゥを下った
川に沿って歩くと　色が変わった
その川をウシウ（黒い川）と呼んだ
ウシウからさらに下ると　川岸に穴がたくさんあった
アルマジロの巣だった
ロブダスーダ（アルマジロの川）と呼んだ
ロブダスーダには魚がたくさんいた
川岸に新しいシャボノを作った
初めてファッコン（斧）を見た

※ファッコンはポルトガル語。ブランコ（白人）、マラリア、ミッション（伝道団）のような言葉と同様、「文明」との接触後にヤノマミの言葉に取り入れられた、言わば「外来語」である。

シャボリ・バタは川に沿って移動したようだった。そして、川を命名しながら、シャボノを作るために適した土地を求めて歩き続けた。

ヤノマミはシャボノを必ず川の近くに作る。飲み水、漁、行水、洗濯、子どもの遊び場。川は命の源であり、暮らしに欠かせない場所だった。ワトリキのシャボノの周辺にも何本もの川が流れていた。同じ水系ではなく、水源を別にする五、六本の川がシャボノを取り囲んでいた。どんなに雨が降らなくても、なぜか川が涸れることはなかった。

また、ヤノマミ保護区はギアナ高地に近いせいか、川べりで巨大な岩をよく見かけた。直径五メートルを超える岩がごろごろあるのだ。そうした岩には石器を削った跡が残っていた。岩が天然の砥石だったのだ。細長い研ぎ跡、楕円形の研ぎ跡、丸い研ぎ跡、様々な形の研ぎ跡があった。一口に石器と言っても、使用目的に合わせた様々な形の石器があったようだった。

ワトリキの人々はその研ぎ跡が何であるのか知ってはいたが、自分たちは一度も使ったことがないと言った。とすれば、以前ワトリキには別のヤノマミの集団が暮らしていたことになる。はっきりしたことは分からなかったが、あるいは、ヤノマミが作った研ぎ跡ではないのかもしれない。もしかすると、現生人類より古い人々の研ぎ跡なのかもしれない。

ワトリキには古い石器がいくつか残っていた。ある日、シャボリ・バタがその石器を手にして語り始めた。幸運にも、そのとき彼は撮影を止めろとは言わなかった。翻訳してみると、シャボリ・バタはこんなことを話していた。

シャボリ・バタ「昔、どのヤノマミもこの道具を使っていた。いろいろな石器を知っていた。だが、それはヤノマミが考えたのではない。オマム（ヤノマミの創造主）から教わったのだ。だから、この石器にはオマムの知恵が入っている」

他の長老「この石器をナプにも見せていいか？」

シャボリ・バタ「いいだろう。石器を見せるということは、オマムの知識がナプにも伝わるということだ。石器を作ったのはヤノマミではなくオマムなのだ」

他の長老「ナプも知らねばならない」

シャボリ・バタ「知るだけではなく、ナプは伝えねばならない。石器を作ったのは

他の長老　オマムだということを」

シャボリ・バタ「ナプよ。この石器を捨ててはならない。この石器を昔使っていた者たちが天から見ている。自分の石器がどこにあるか、彼らからは全部見えている」

他の長老「この話を信じなければオマムは怒る。オマムが怒れば〈ヤシ〉という精霊を送って来る。ヤシが来れば、人間は死に絶え、土地も死ぬ」

シャボリ・バタ「オマムは水の湧き出る穴を作った時、そこにあった泡を周囲に投げた。そこからヤノマミは生まれた。別のところにも投げた。ナプはそこから生まれた。だから、ナプもオマムには逆らうことはできない」

他の長老「私たちは、誰もがオマムの子孫だ」

シャボリ・バタ「オマムが怒ると強い風を吹かせ、人間など木の葉っぱのように遠くに飛ばされてしまう」

「私たちはシャボリだから、何でも知っている」

シャボリ・バタの集団が鉄器（包丁のようなナイフか大型の山刀かは不明）と出会ったのは一九六〇年代になってからだと思われる。それは、「文明側」から直接もたらされたのではなく、〈アヒアヒビゥ〉から集団に加わった、若いヤノマミによってもたらされた。

その若いヤノマミは三人兄弟（男二人・女一人）の長男で、別の集落を脱走し、アヒアヒビゥまで逃げてきた男だった。その男が父の形見だという鉄器を持っていたのだ。

その後、三人はシャボリ・バタと行動を共にし、二人の男はワトリキの長老に、女はシャボリ・バタの二番目の妻となった。

長男のルーカス（第三章参照）はこう言った。

「私たち兄弟は、子どもの頃、悪いヤノマミに攫われた。攫われる前、父親と狩りに行った。何日も何日も歩いて狩りにいった。すると、ブランコ（ヤノマミが白人を呼ぶ時の蔑称）がいた。アメリカーノ（アメリカ人）だと言った。アメリカーノは腹に手を当て、腹が減ったと言った。父はナシュヒクを分けてやった。アメリカーノは喜んでナイフを一本くれた。木を削ってみたら、とても切れるので驚いた。父は私にそのナイフをくれた」

アメリカーノが本当にアメリカ人だったのか、それは分からない。ルーカスの話から分かったのは、ルーカスにとっても、アメリカーノとの出会いが「文明」側の人間との最初の接触だったこと（シャボリ・バタが「文明」側の人間と接触するのはもう少し後になる）、そして、ナイフをもらってからすぐに家族と離れ離れになったということだった。ルーカスにとって、父親からもらったナイフは父親を偲ぶたった一つの形見となった。

鉄器は今でもヤノマミの世界では貴重品で、物々交換における人気商品でもあった。「文明」との接触以降、鉄器は様々な集落のヤノマミを介して、奥地へと伝わっていった。

一つの道具がどのように奥地へと広がったのか、道具の流転史を調べていた学者がいた。彼によれば、現在〈シシトビ〉という集落（ワトリキから北西へ二百キロ）にある鉄器は、元々は〈アジャラニ〉（ワトリキから東へ二百五十キロ）から伝わってきたものだという。彼の調査によれば、その一本の鉄器は以下のように伝播した。

1　アジャラニの開拓者→アジャラニのヤノマミ（食糧と交換　一九七〇年代後半？）
2　アジャラニのヤノマミ→カシエラのヤノマミ（ミサンガと交換　一九八〇年代中頃？）
3　カシエラのヤノマミ→トトトビのヤノマミ（ハンモックと交換　一九八〇年代末？）
4　トトトビのヤノマミ→ノボ・デミニのヤノマミ（土産として　一九九〇年代中頃）
5　ノボ・デミニのヤノマミ→シシトビのヤノマミ（結婚のお礼に　一九九〇年代末）

一本の鉄器は千キロ近くを旅してシシトビに流れ着き、今も「現役」として活躍しているという。こうして、一九六〇年代以降、ヤノマミの多くが鉄器と出会い、石器を捨てた。

森で子どもを拾い、家族を大きくする〔トロビ　一九六〇年代半ば？〕

鉄器と出会ったシャボリ・バタの集団はアヒアヒビゥを離れ、またしても森を歩いた。アヒアヒビゥを出た理由は分からなかった。以下の話は、次の居住地である〈トロビ〉での逸話として話された。

ウシウ（黒い川）を下った
椰子がたくさんあった
新しいシャボノを作った
トロビで最初の妻を娶り　三人の子どもが生まれた
森を歩いている時に見つけた男の子も自分の子どもにした
父親が死んでしまった娘も自分の子にした
家族が大きくなった

トロビでシャボリ・バタは最初の妻を娶ったと語った。ワトリキでは殆どの家族が一夫一妻だが、それは僕たちが言うところの「倫理観」に基づくものではない。ワトリキの男たちはおしなべて女好きで、ある時は堂々と、ある時は隠れて、女を口説きモノにしようと考えていた。だが、家庭を二つ持つとなると話は別のようだった。

現代ケニアの牧畜民は所有する牛の数で若い妻を何人持てるか決まるとされているが、ヤノマミのような狩猟採集の世界では、一人の青年男子が獲ってくる獲物の数にそれほどの大差は生じない。複数の妻を持ち複数の家族を養うことは、現実的にはとても難しいことだった。

また、第三章の美少女サブリナの例のように、ヤノマミでは親が結婚相手を決めることもあるが、ワトリキの場合、いわゆる「自由恋愛」の方が多かった。その場合、女性の気持ちを確認する前に女性の両親や親戚の了承を取りつけるのが一般的だ。また、女性の周辺の賛同を取りつけ、そうした仲介者から女性を口説いてもらうやり方も多かった。

シャボリ・バタはトロビで実子ではない子どもを自分の子ども（僕たち社会で言えば養子）にしている。これは、ヤノマミでは珍しいことではない。シャボリ・バタには十一人の実子がいるが、その他に六人の養子もいる。三人は早死にした兄の遺児、二人は友人の遺児、一人は森で拾った子どもだった。

ヤノマミの社会の場合、愛情や憐憫だけで子どもを養うことは難しい。何よりも必要なのは「経済力」、すなわち、動物を獲る能力だ。シャボリ・バタは若い頃、「森のことを何でも知っている男」と呼ばれていたという。美味しい鳥はどんな木にいつ集まるのか。アルマジロが穴に隠れるのはどんな天気の時なのか。猿を誘き寄せるにはどのような声音を使えばいいのか。狩りの技法を誰よりも知っていたという。シャボリ・バタには大家族を養うための力量があったのだ。

ナプの神を知る〔ヤノマラオバ→ハッパカライヤノ　一九六〇年代後半?〕

人数が増えたシャボリ・バタの集団は再び移動する。大集団を養うだけの豊かな土地を探したと思われる。詳しくは語られなかったが、おそらく、土地の豊かさというより、漁獲高が見込まれる大河を探したのではないか。

シャボリ・バタが辿り着いたのは〈ヤノマラオバ〉という土地だった。

もっと広い土地を見つけ　二つのシャボノを作った
私が作ったシャボノの中で一番大きなシャボノだった
人もたくさんいた
今も　ヤノマラオバのような大きな家を作りたいと思う
しかし　すっかり老けてしまって　それも叶わなくなった
ヤノマラオバはいいところだった

ヤノマミの移動は土地が涸れた時か、獲物が少なくなった時に行われる。どうして、ヤノマラオバを出たのか、シャボリ・バタは何も言わなかった。ヤノマラオバについて聞くと、ただ、「いいところだった」「大きなシャボノを作った」とだけ言った。

いずれにしても、シャボリ・バタはヤノマラオバを出て、〈ハッパカライヤノ〉に移り、そこで息子とした男から、ナプに関する情報とナプが信じるキリスト教を知った。一九六〇年代の後半のことと思われる。

また森を歩いた
ウシウ（黒い川）沿いに歩いて行くと　大きな木が見えた
そこに　シャボノを作った

ハッパカライヤノにナプの言葉（ポルトガル語）を話す男がいた
頭が良く　コヒップ（勇敢）だった
だから　娘（森で拾ったという子ども）を娶らせて　傍に置いた
男はナプの名前とヤノマミの名前を二つ持っていた

ダビ（ブラジル名）とコペナワ（ヤノマミ名＝猛り狂った蜂）だ
ダビはナプやブランコ（白人）を快く思ってはいなかった
子どもの頃にブランコに誘拐されて
ブランコのオマム（キリスト教のこと）を教え込まれたからだ
ダビ・コペナワはハッパカライヤノで私の息子になった

多くの先住民がそうであったように、ヤノマミの場合も、最初の「文明」は宣教師によって持ち込まれることが多かった。ブラジルとベネズエラに広がる深い森は南米に残された最後の空白区とも言える場所で、宣教師にとっては一生を捧げるに相応しい「未開」の地でもあったからだ。古くはイエズス会やフランチェスコ派、近年でもサレジオ会などのカトリック教団やプロテスタントの原理主義教団が深い森の中で布教に勤しんでいる。

歴史を振り返った時、布教活動には文化侵略の一面があることをおそらく誰も否定できない。熱心に布教すればするほど、先住民の神を否定し、精霊を否定し、結果として異文化に生きる人々の生き方を否定することになる。また、手段を選ばない強引な布教活動は、結果として領土拡大の尖兵的意味を持っていた。

十六世紀に先住民への布教に反対したラス・カサスという聖職者がいたが、彼は王や教皇に宛てた『インディアス破壊を弾劾する簡略なる陳述』（石原保徳訳）の中でこう述べている。

「布教は始まりの一歩だ。我々は、十字架を先頭に、後ろには軍隊を従えて、新大陸を制圧しているのだ（筆者要約）」

また、レヴィ＝ストロースは『悲しき熱帯』（川田順造訳）の中で十八世紀に書かれたというサレジオ派の連絡文書を紹介している。そこには布教を成功させるための、彼らなりのプラグマティックかつ冷徹な作戦が以下のように記されていた。

「先住民を教化するためには、まず、彼らの家を変えることだ。家は彼らの伝統や信仰と一体となっている。彼らの家を壊せば、信仰は失われ、伝道がやり易くなる（筆者要約）」

現在、ワトリキから半径二百キロ圏内には、一九七〇年代に建てられた二つの伝道所がある。その一つが八十キロ東にあるサレジオ会の伝道所で、数名のイタリア人の神父が駐在している。その集落は元来〈カトリマニ〉と呼ばれていたが、ワトリキの人々は「ミッション（ポルトガル語で伝道所の意味）」と呼んでいた。ワトリキにはキリスト教徒は一人もいないが、四百人が四つのシャボノで暮らすカトリマニでは半数がキリスト教に改宗したという。冠婚葬祭がある度に、改宗者のヤノマミと伝統的なヤノマミの間で、そのやり方を巡って一悶着があるという。また、百五十キロ北にはプロテスタント原理派の教会があり、数名のアメリカ人牧師がいる。ワトリキの人々によると、その村ではヤノマミの全員が洗礼を受け、首から十字架を下げているという。

シャボリ・バタが語った伝道所を脱走してハッパカライヤノにやって来た男、ダビ・コペナワは、その後、ヤノマミで最も有名な指導者になった。一九九三年にガリンペイロ(金鉱掘り)がヤノマミを殺したハシムーの虐殺事件では、全身を黒く塗り(ヤノマミにとって葬送と戦争のシンボルカラー)、首都ブラジリアの大統領官邸を包囲した。先住民の人権を訴え、土地を巡る紛争が起きる度に加勢に駆けつけ、集落間で諍いが起きれば仲裁に入った。すぐに西欧のNGOが彼を支援し、「文明」社会に対するヤノマミ全体のスポークスマンとなった。現在、ダビ・コペナワはヤノマミ自身が作った渉外組織(ブラジル政府を相手に土地・健康問題などについて交渉をする)のプレジデンチ(大統領)に就いている。

ダビは子どもの頃に宣教師に攫われ、そこでポルトガル語を覚えた。しかし、自分の精神世界を否定する宣教師たちに反感を覚え、伝道所を脱走したという。そして、森を歩いているうちにシャボリ・バタと出会い、行動を共にするようになった。ダビはその才覚を認められ、シャボリ・バタの娘を娶ってファミリーの一員となった。

現在、ダビは一年の殆どを、ヤノマミのプレジゼンチとしてボアビスタやブラジリアで過ごしている。僕たちは何度となくダビと会い言葉を交わしたが、確かに、彼は知的で思慮深く、説得力と統率力があった。そして、何よりも、ブラジル政府を向こうに回して困難な交渉を続けて来た者が持つ、政治家としての凄みがあった。

彼はよくこう言っていた。

「ブランコ（白人）と話す時はゆっくり話す。ブランコはヤノマミの土地が欲しいだけなのだ。だから、ゆっくり話してブランコの反応を観察する。ブランコの目を見つめ続ける。目を見ていれば、ブランコの本心など簡単に分かる」

また、シャボリ・バタの話題が出る度に、こう言って敬意を表していた。

「バタからは、まだまだ学ぶことがたくさんある。バタは何でも知っている。バタほど精霊を知るシャーマンは他にはいない。私が知っていることなど、そのごく一部に過ぎない」

マラリアを知る〔ヤノシアハラナラ→ウェリビヒビゥ　一九六〇年代末？〕

ハッパカライヤノでダビを息子とした後も、シャボリ・バタの移動は続いた。次に居住地としたのは〈ヤノシアハラナラ〉という土地だったが、シャボリ・バタは名前しか語らなかった。そして、次の居住地〈ウェリビヒビゥ〉で、その後ヤノマミを苦しめることになる伝染病を知ることになる。

蚊がたくさんいた
みんな熱を出して死んだ（※マラリアと思われる）
ウェリビヒビゥから逃げ　みんなで森を歩いた
蚊がいないところを探して森を歩いた

南米の密林にはいくつかの風土病があり、その殆どが蚊・蝿《はえ》・虻《あぶ》・蚋《ぶゆ》を媒介に伝染する。ヤノマミが暮らす森で最も多い風土病は「オンコセルケージョ（熱帯性フィラリア）」という奇病だ。オンコセルケージョは「ピウン」という小さな蚋によって伝染するのだが、そのピウンという蚋はとても厄介な存在だった。水辺という水辺に必ずいて、虫除けを全く苦にせず、服の上からも刺してくる。一日に十か所以上は食われ、ひと度食われると二週間以上痒みが取れない。痒さの余り掻き毟ると、雑菌が入り込み患部が化膿した。ピウンの中にはフィラリア原虫を持つものがいて、刺されると卵が人間の体内で成長し、最後は眼球の裏に寄生し終の住処とする。眼球に寄生すると色素が失われ視力を失う。これがオンコセルケージョだった。ヤノマミの集落に行くと、色素が失われ、瞳が白濁した人が必ず数人はいた。

問題なのはオンコセルケージョには特効薬がないことだった。予防薬（体内にいるフィラリア原虫を成長させない薬で年に二回飲み続ける）はあるのだが、副作用も強い。FUNASAの医師によると、千回以上刺されれば感染する可能性があるという。医師は僕たちに薬を飲むように勧めた。僕も菅井カメラマンも千回は刺されていないが、既に五百回以上は刺されていた。僕たちは、その毒々しい色の薬を飲んだ。

オンコセルケージョは恐ろしい病気だが、死に至る病ではない。その点、マラリアは違う。NGOの資料によれば、一九九〇年代に少なく見積もっても五百人以上のヤノマミがマラリアで死んだ。元来、マラリアは南米にはなかった。新大陸にやって来た西欧人によって持ち込まれたものだ。ヤノマミのシャーマンは、マラリアをシャボリで治すことはできないと言った。ナプの病気を治すことは精霊にもできないからだという。マラリアにかかれば、自然治癒に身を任せるか、「文明」に頼るしかなかった。

この時代、シャボリ・バタの集団は、まだ「文明」側の人間とは接触していない。だが、人間より先に、「文明」側の人間によってもたらされたマラリア蚊が入り込んで来ていたようだった。おそらく、蚊が多いところでは熱病が発生し易いという知識や経験があったのではないか。だから、蚊の多い土地を嫌ったのではないか。

いずれにしても、本当の悲劇は、間もなく起きるのだ。それは、一九七〇年代に入って、〈マプラウ〉という土地で暮らしていた時のことだった。

厄災の時が来る〔マプラウ　一九七〇年代前半〕

空が光った
赤い光が落ちてきて　ナプが下りてきた
笑いながらシャボノの真ん中に穴を掘って何かを埋めた

ナプが立ち去ると　穴が燃え始めた
ヤノマミの身体にはジャガーのような斑点が現れた
呻く者　泣く者　横たわる者
シャボノから笑い声が消えた
シャボリをしても　精霊は答えない
父が死んだ
母も死んだ
妻が死んだ
兄弟も死んだ
仲間も死んだ
みんな死んだ

この話には、コロンブス以降、五百年にわたって南米の先住民を苦しめてきた悲劇が語られている。長い間隔絶されて生きてきたアメリカ大陸の先住民には病原菌に対する免疫がなかった。そのため、文明側の人間が麻疹や天然痘を持ち込めば、ひとたまりもなかったのだ。

こんな記録も残っている。十八世紀にフランス人の一団がアマゾンの奥深くにやって来た。彼らは土産として毛布を持ってきた。その毛布とは天然痘患者が使っていたものだった。翌年、フランス人がその村を再訪すると、村には誰もいなかった。全員が死んだのだ。フランス人はその土地を国王に献上した。

コロンブス以前、新大陸には一千万〜五千万人（諸説あり）の先住民がいたと推定されているが、その殆どは「文明」側がもたらした病原菌によって死んだ。ブラジルでは推定三百万〜五百万人の先住民がいたとされるが、一九九〇年には二十万人となっていた。五百年で人口の実に九十三〜九十五パーセントが失われたのだ。現在、ブラジルの先住民の殆どはアマゾンなどの内陸部で暮らしているが、これは、真っ先に文明と接触した沿岸部の先住民が絶滅したからに他ならない。そのアマゾン地域でも、二十世紀以降は先住民と「文明」との接触が進み、分かっているだけで五十九の部族が絶滅している。

ヤノマミの居住区では、一九七〇年代から病原菌が猛威を振るい、多くの村が絶滅した。シャボリ・バタの集団も全滅に近かったようだ。人によって証言が異なるのだが、ある者は百人が死んだと話し、ある者は生き残ったのは二十人ぐらいだったと言った。シャボリ・バタも、父、母、最初の妻、二人の兄弟を失くした。
しかし彼は、集落を覆う悲しみの中で、兄弟の子どもと親を亡くした子どもを自分の子どもとして育てる決意をし、再び森を歩くのだ。

シャボリ・バタは、長い放浪の過程で絶滅しかかった村をいくつも見たと言った。そして、その度に、生き残った者たちを仲間に加えていった。それは集団の数を守る意味もあったのだろうが、弱った者たちが肩を寄せ合い、ともに助け合っている姿に重なった。

長老の一人が、当時を振り返って、こう話してくれた。
「あなたたちはしっかりと広めて欲しい。自分の家に帰って家族に話して欲しい。ナプが来る前、ヤノマミは幸せだったと。ナプが病気を持ってきて、私の父も母も祖父も祖母も叔父も叔母もみんな死んでしまった。私は一人ぼっちになった。こんなことは二度と起きて欲しくない。ヤノマミがナプの病気で死ぬところを見たくない。私たちは逃げた。山の中を歩いた。その時もたくさん人が死んだ。今、ワトリキにいる者は生き残った者たちだ。とても苦しい思いをしてきた者たちだ。忘れないで欲しい。私たちはもっと大きなグループだった。とても大きなグループだった。その頃のことを思い出すと、今でも苦しくなる。思い出すだけで悲しい。どうして、私たちの祖先の土地でそんなことが起きたのか。あなたたちはしっかりと伝えて欲しい」

ワトリキは、生き残った人々、肉親を失った人々が作った集落だった。

森を逃げる〔一九七〇代前半〜後半〕

「文明」との接触後、シャボリ・バタの集団は流離う集団となった。新しい行き場が見当たらず、以前住んでいた土地に帰ってみたりもしている。だが、既にそこは往時の土地ではなく、蚊ばかり飛び交う、不毛の地となっていた。

時は一九七〇年代の前半から中盤にかけて。シャボリ・バタは〈ウェリビヒビゥ〉〈コエテゥ〉〈ハッパカライヤノ〉〈ハナナリゥ〉〈ハイウエー〉と、短期間に五か所も居住地を変えた。

ウェリビヒビゥに戻った
蚊がたくさんいた
人がたくさん死んだ

知らない川に沿って歩いた
綺麗な川だったので　コエテゥ（澄んだ川）と呼んだ
コエテゥで（二番目の）妻を娶った
妻は子どもをたくさん産んだ
家族が増えた
コエテゥにも蚊がたくさんいた
眠ることができなかった

ハッパカライヤノに帰ることにした
ようやく辿り着いてほっとしていると、遠くで音がした
ドカンドカンという音だった
聞いたことのない音だった
音のする方に行った
何人かのナプがいた
一人のナプが近づいてきて　ＦＵＮＡＩだと言った

怖かった
夜を待ってナプの家に火を放ち　ハッパカライヤノに戻った
みんなに　これからハッパカライヤノを出ると話した

森を歩き　大きな川のそばにシャボノを作った
川にはたくさんの魚がいた
しかし　また同じ人間がやって来て　ＦＵＮＡＩだと言った
ここは危ない　私と一緒に来て
ナプはそう言った
（ハナナリゥについて）

遠くで音がした
みんな　眠れなくなった
音がするところまで見に行った
大勢のナプが土を掘り返していた
オマムが怒るから止めてくれと言ったが　彼らは笑うだけだった

シャボノに戻ってから　ここを出ると言った
また　森を歩いた
（ハイウエーについて）

マプラウでナプと出会い、麻疹が流行ってからというもの、シャボリ・バタが口にした集団の歴史には、「文明」からの逃避だけが語られていた。「文明」と接触し、災いが起き、逃げ、また出会い、再び災いが起きた。

一九六三年に設立されたＦＵＮＡＩは先住民保護区の制定と管理、先住民の健康維持を主たる任務とする、法務省直轄の政府機関である。ＦＵＮＡＩでは、先住民の住居から一、二キロのところに「ポスト」と呼ばれる駐在所を設置し、一、二名の職員を常駐させている。

現場の駐在員は先住民と政府を繋ぐ、言わばパイプ役だ。保護区に不法侵入者が立ち入っていないか、病気が流行していないか、食糧は足りているか、アルコール中毒（保護区内は伝統的な酒以外のアルコールは持ち込み禁止となっている）や麻薬患者がいないか、駐在員は目を光らせ、情報を中央に上げ、政府に対策を講じてもらう。だが、広大な保護区をわずかの駐在員でカバーすることは不可能であり、予算も年々削減される傾向にある。現在、ヤノマミ族保護区での一集落あたりの予算は日本円にして年間およそ三十万円だった。

また、FUNAIの駐在所の存在は先住民の暮らしも激変させることになった。先住民はFUNAIとの関係が深まると、FUNAIが供給する食糧や道具に依存するようになるからだ。狩りや伝統的な儀式を止めてしまった部族も少なくはない。あるヤノマミの集落では、FUNAIが持ち込んだ猟銃が弓矢に取って代わった。しばらくして予算不足から銃弾の供給が中止になると、ヤノマミはFUNAIの駐在員に抗議、事態が改善されないと知るや、その駐在員を追放した。さらに、二週間近く歩いて町まで行き、弓矢と銃弾を交換するようになった（ヤノマミの弓矢はアマゾンの土産店では人気商品でもある）。町に行くヤノマミが増え、シャボノには「文明」側の品々が溢れるようになった。シャボノの屋根もビニール製になり、誰も屋根の葺き替えをしなくなった。数年後、シャーマンはシャボリを止め、祭りも行われなくなった。状況がさらに進むと近くの町に行って物乞いや売春を始めるようになる。ヤノマミではまだそのような事例はないが、最も初期の段階で「文明」と接触したグアラニー（ブラジル中西部・パラグアイとの国境に近い南マトグロッソ州の先住民）という部族では、百人が暮らす集落の八十パーセントが物乞いで生計を立てていた。女たちの中には派手な化粧をして路上に立つ者もいた。集落ではマリファナが蔓延し、なぜか若年層の自殺が増えた。集落には享楽と絶望だけが残った。「文明化」した先住民が辿る、お決まりのコースだった。

ヤノマミの居住区にＦＵＮＡＩの職員が最初に入ったのは一九七〇年代のことだった。当時ブラジルは軍事政権だったこともあり、その目的は彼らの保護ではなく、道路の建設を妨害しかねない先住民から工事労働者を守ることにあった。

時のブラジル政府はベネズエラに抜ける国道を建設しようとしていた。工事は、まずダイナマイトで森を破壊し、その後で工兵がブルドーザーで盛り土をしていくという方法で進められた。道は堤のような高い道（建設現場の人間かＦＵＮＡＩの係官はその道を英語読みでハイウエーと呼んでいたと思われる。ワトリキのヤノマミもその場所をハイウエーと言っていた）となった。

シャボリ・バタは「ハイウエーは暑かった」と言った。彼らは直射日光が苦手だ。原生林が生い茂る森の中は意外に涼しく、森の民・ヤノマミはその森で暮らしてきたからだ。分厚い足の裏も暑さには慣れていないようで、ハイウエーを歩くのが辛かったようだ。

保護区となってからハイウエーの工事は中止となり、森を切り拓いた跡だけが残った。その残骸はワトリキの近くにも残っているが、今も大木は生えず、容赦なく太陽が照りつける、アフリカのサバンナのような風景になっている。ワトリキの人々はその道を通れば目的地に早く着ける場合も、よほどのことがない限り森の中の迂回路を利用していた。

シャボリ・バタが出会ったＦＵＮＡＩの職員は工事現場で周囲の見張りをしていた人物と思われる。ワトリキの人々から話を聞く限り、その人物は開発側に立つのではなく、ヤノマミのことも気遣っていたようだ。だが、シャボリ・バタはＦＵＮＡＩという組織もその人物も信用しなかった。ナプは災いを持ってくる存在であることを身をもって体験していたからだと思われた。だから、現場労働者の小屋かＦＵＮＡＩの駐在所に火を付けた。ＦＵＮＡＩの記録によれば、一九七三年のことだ。

以来十五年にわたり、シャボリ・バタの集団は、ＦＵＮＡＩからも「文明」からも、逃げ続けることになる。

ワトリキまで〔マーマビィ→ポスト→ワトリキ　一九七〇年代後半〜〕

七〇年代の激しい流転を経て、シャボリ・バタの集団は〈マーマビィ〉という土地に落ち着いた。マーマビィには十年近く住んだと思われるが、どこが良かったのか、その理由をシャボリ・バタは語っていない。おそらく、病気が発生しなかったことが大きいと思われる。あるいは、もはや逃げるところなど、余りなかったのかもしれない。

マーマビィについてシャボリ・バタはＦＵＮＡＩの駐在員との話だけを語った。

ナプが度々やって来て　こう言った
ここは危ない　近くに来なさい　私は味方だ
何度もやって来て　同じことを言った
何日も歩いてナプの家に行ってみた
ナプは「ここはポストだ」と言った

ポストには　ナプの言葉を話すヤノマミが三人いた
彼らも言った
ここは安全だ　シャワラ（悪霊）を持ってくるナプは来ない
私たちはポストに移ることにした

ＦＵＮＡＩのポストの近くに移るということは、「文明」にすがるということも意味した。僕たちが同居していた時、シャボリ・バタは「ナプの中にはいいナプもいる」と言った。それはもちろん、同居人である僕らを認めるという文脈で語られた言葉ではない。長い歴史を語る中で、ふっと一呼吸置いて語られたものだ。そこには、微妙な諦めが滲んでいて、聞くのが辛かった。

いずれにしても、シャボリ・バタは長い流浪の果てに、「文明」を拒絶し「文明」と戦うことより、集団が危険なく安らかに暮らせることを優先したに違いなかった。それは、苦渋の決断だったはずだ。父が死に、母が死に、子どもが死に、仲間が死ぬ。悲劇が続く中で、シャボリ・バタは「文明」との共存を選択した。

ポストはワトリキからは数キロのところにあった。彼らの行動範囲からすれば、まさに目と鼻の先だ。

一九八八年、シャボリ・バタの集団はそのポストに移った。ＦＵＮＡＩとの最初の接触から二十年近く、シャボリ・バタがＦＵＮＡＩのポストに火を付けてから十五年が過ぎていた。

ポストの近くに家を作った
仮の家のつもりだったから　とても小さな家だった
安全なことが分かると　散り散りに逃げていた仲間も集まってきた
ここに住みながら　昔のように　ヤノマミだけで暮らせる場所を探した

シャボリ・バタはＦＵＮＡＩの駐在員の説得に応じてポストにやって来た。

しかし、十五年間にわたり、年に一、二度、説得のためにやって来る男がいたという事実に僕は驚いた。アマゾンの奥底で、そんな地道な活動をしている政府職員もいるのだ。シャボリ・バタは何も語ってはいなかったが、ポストにやって来たのは、その駐在員の人柄も大きかったように思われる。

または、ＦＵＮＡＩの手伝いをしていたヤノマミの存在が大きかったのかも知れない。シャボリ・バタが話したFUNAIの手伝いをしていたヤノマミの三兄弟（長老格のルイス、一人暮らしのジュネジオ、性豪のボコメ。第三章参照）はその後も行動を共にし、ワトリキの建設に力を貸すことになった。

シャボリ・バタがポストで暮らしている頃、ブラジル社会は激動期を迎えていた。一九八五年に軍事政権が倒れ、「民主主義」と「人権」を掲げる民主政権が誕生したのだ。新政権はアマゾンの森林保護を訴える西欧のNGOの意見を取り入れ、ブラジル国内に次々と先住民保護区を制定していった。先住民保護区となれば道路や鉱山開発はできなくなる。また、政府の許可なしには、学術調査であろうと保護活動であろうと保護区に立ち入ることもできなくなる。もちろん、ガリンペイロも入れない。一九九一年、ヤノマミ族の暮らす深い森は「ヤノマミ族保護区」に制定された。

一方で、それは国家による恒常的接触（管理と言ってもいい）が始まることも意味した。そして、先住民の固有の文化を崩壊させる最後の鉄槌ともなった。集落の近くには保健所が建てられ、病原菌から命を守るための予防接種が行われた。政府の許可を得たNGOも入り込み、「文明」を教え、ポルトガル語の学校を建てた。現代医療は死者の数を劇的に減らしたが、同時にシャーマンをも減らした。

ワトリキでは、一九九八年にＦＵＮＡＩが撤退し、同じ場所にＦＵＮＡＳＡが管轄する保健所が出来た。以来、保健所には通常二名の看護助手（ワトリキの人々は〈ナプ・トゥーア（ナプの女）〉と呼んでいた）が常駐するようになった。

保健所が設置されてから、ワトリキでも死者の数が劇的に減った。特に新生児の死亡率は三十パーセントから二パーセントにまで減った。一方、看護助手や時おりやって来るＮＧＯのメンバーは健康管理の一環として彼らにサンダルやパンツを与え、歯磨きとアルファベットを教えた。


「文明化」が進んだとはいえ、ワトリキから独自の文化や風習がなくならなかったのは、奇跡なのかもしれなかった。今も、ワトリキのシャーマンは精霊と語り合い、伝統の祭りも続いている。多くの男がパンツやサンダルを履くようになったが（ワトリキで全裸の男は七名となった）、女たちは伝統的な紅い腰巻だけを身につけている。一九九八年以降、何度かワトリキに滞在したことのある人類学者でＮＧＯのメンバーでもあるルイス・フェルナンド氏（一部テープの通訳もしてくれた）は「文明を知ってから三十年以上が経っているのに、これほど変わらない集団は珍しい」と言っていた。

でも、なぜワトリキは劇的な「文明化」に向かわなかったのだろう。その問いにフエルナンド氏はこう言った。

「シャボリ・バタの存在が大きい。バタが健在である限り、彼らは自分たちがヤノマミであることを忘れはしないだろう。しかし、バタの死後も続くかどうか……もしかすると、彼の死後、一気に文明化して、崩壊するか、分裂してしまうかもしれない……」

スルククを出てから推定で五十年後、シャボリ・バタはおそらく最後となる土地に巡り合った。

ポストから少し歩いたところに山があった
いつも雲がかかり　雨を降らせていた
マーマ・マウン（雨の山）と呼んだ
雨季でも乾季でも突風がよく吹いた
ワトリキ（風の地）と名づけた
ここは　風の精霊の通り道だ

森にも精霊がたくさん降りてくる場所だ
ワトリキは美しく　豊かだ
雨の山からは無数の小川が流れて　涸れることはない
男たちで畑を広げた
みんなで暮らせるように広い畑を作った
作物が十分に実った時　みんなに言った
ワトリキはいいぞ！
みんなでワトリキに行くぞ！

ＦＵＮＡＩの記録によれば、シャボリ・バタを中心とする長老たちは十年近い歳月をかけ、少しずつ畑を広げていったようだ。そして、大人数を養えるほどの畑ができるとみんなを呼び寄せ、新たな集落とした。それが、ワトリキだ。

シャボリ・バタは「もっと大きなシャボノを作りたかった」と言っていた。直径六十メートル、完成まで一年近くかかったというシャボノは、僕たちからすればとても大きく見える。だが、シャボリ・バタは「ヤノマラオバのシャボノに比べれば、とて

〈シャボリ・バタの家系図〉

＊図は孫の代まで。ワトリキ在住の167人中74人がシャボリ・バタの一族。曾孫・玄孫・外戚を加えれば100人を優に超える。

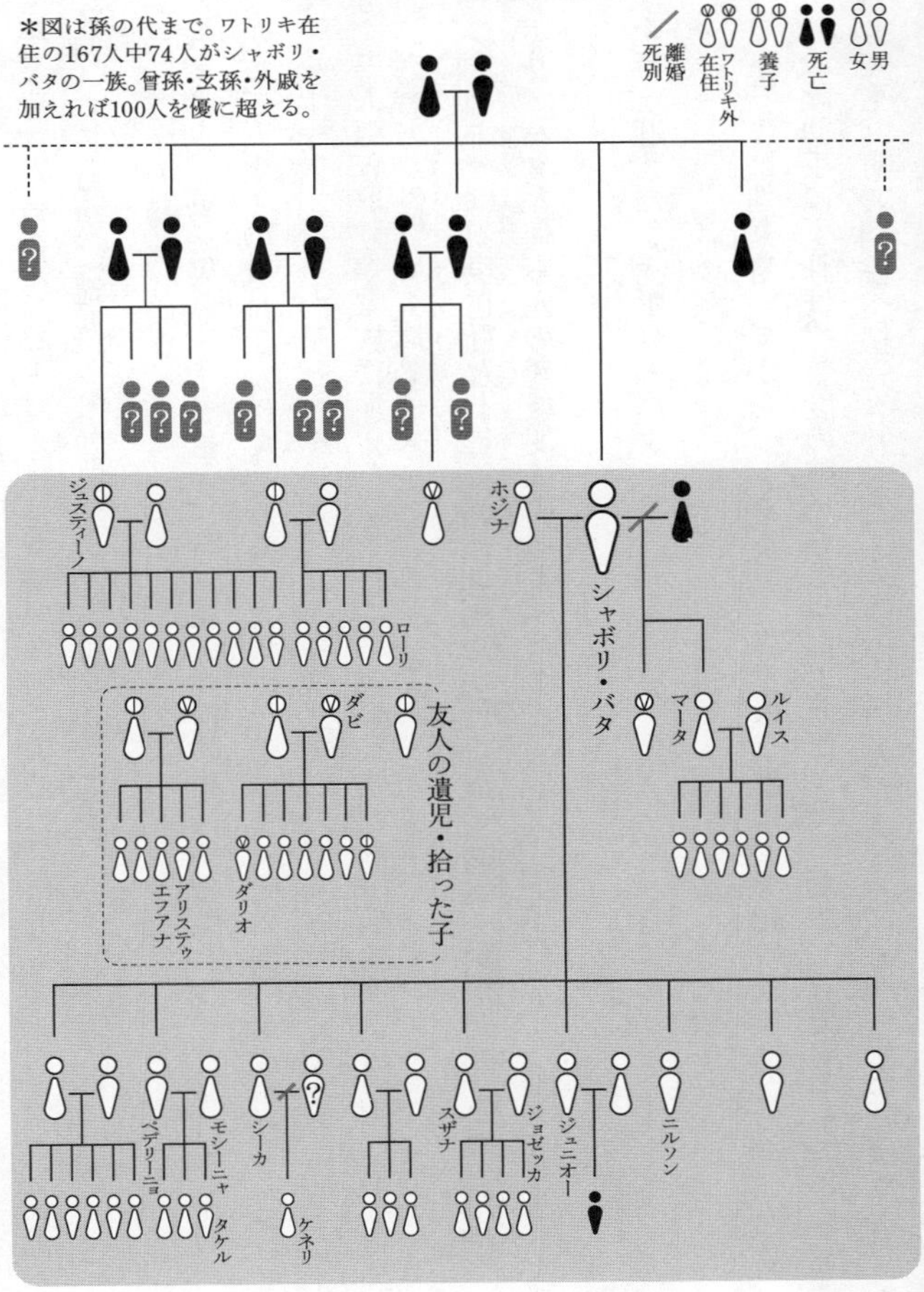

も小さい」と言った。ワトリキに辿り着いてから人口は二倍近くまで増えていたが、「文明」と病原菌に遭遇する以前の人口には遠く及ばないようだった。

森を歩き、妻を娶り、子を拾い、時に絶滅寸前の集落から生き残った者たちを加えながら、五十年の歳月をかけて辿り着いた地、ワトリキ。その間、シャボリ・バタは実子を十一人、拾った子どもを一人、友人の遺児を二人、麻疹で亡くなった兄の子どもを三人引き取り、家族に加えた。そして、他の家族とも婚姻関係を結び一族を大きくしていった。

ワトリキでは、現在百六十七名が一つ屋根の下に暮らしているが、およそ百人がシャボリ・バタと何らかの親戚関係にある。

晩年を迎えたシャボリ・バタ

ワトリキに辿り着いてから、シャボリ・バタは二度ほど瀕死の重体になった。保健所の看護助手によれば、重度の肺炎を患ったようだった。だが、看護助手がいくら説得しても、町の病院へ搬送されることを頑なに拒んだようだった。「死ぬ時はワトリキで死ぬのだ」シャボリ・バタは何度もそう言ったという。

僕たちが同居した百五十日の間、シャボリ・バタの体調の優れない日が多かった。殆どの時間をハンモックで臥《ふ》していた。だが、稀に体調がいい日には畑から大粒のパパイヤを捥《も》いできて、「食べろ」と差し出してくることもあった。シャボリ・バタはパパイヤを渡しながら「ヤノマミはたくさん食べる。たくさん食べるから強い」というようなことを言った。

シャボリ・バタの身体を治すために、時おり弟子たちがシャボリを行ったが、容体が好転することはなかった。

治療が続いていたある日の深夜、シャボリ・バタが突然ハンモックから起き上がり、天に向かって叫び出したことがあった。何と言っているのか、その場では分からなかった。ただ、余りの突然さと声の鋭さに身体が震えた。その声は何日も寝ていた人間の声とはとても思えぬほど強く、切実に聞こえた。

日本に帰った後、その部分を記録したテープの翻訳があがった時、僕は震えた。シャボノでその声を聞いた時以上に震えた。

シャボリ・バタは、何度も何度もこう叫んでいた。

「私の精霊がいなくなってしまった！　私の精霊が死んでしまった！」

その痛々しい声は、今も耳の奥に残っている。

第七章　彼らは残る

「文明」がもたらすもの

「文明」と接触してもなお、独自の文化や風習を保っているのはシャボリ・バタの存在があるからだ。ワトリキをよく知る人類学者はそう言った。だが、シャボリ・バタの健康が優れない今、その影響力が日増しに小さくなっているのも明らかだった。「文明」との接触が恒常化(とは言っても他の先住民保護区に比べれば圧倒的に希薄だが)しつつある現在、ワトリキは大きな転換点を迎えている。僕たちが電気のない暮らしに戻ることが難しいのと同様、彼らがナイフを捨て石器に帰ることも困難なことに違いない。

ワトリキの人々——特に若者——が「文明」のもたらす圧倒的な物量を知った時、彼らはその利便性を否定してまで自分たちの固有の文化・伝統を守ろうとするのだろうか……。

実際、ワトリキに移住してからの十年の間に、石器を捨てナイフに切り替えた時以上の変化の波がやって来て、彼らはその巨大な渦に巻き込まれることになった。最大のものは「医療」だ。僻地《へきち》医療の一環として、政府がシャボノから数キロ先に保健所を設置したのは一九九八年のことだったが、以来、麻疹・ジフテリアなど数種の予防注射がほぼ全員に接種された。接種までには様々な説得があり、紆余曲折はあったようなのだが、結局のところ彼らは現代医療を受け入れ、その価値を認めたことに他ならない。

例えば、風邪をひいてしまって高熱に苦しんでいたヤノマミに解熱剤が処方されたとする。熱の引き方は劇的だったに違いない。マラリアになったヤノマミにキニーネが処方された時も同じだ。そして、彼らは体験的に知ることになる。小さな粒を飲み込むだけで身体は楽になる、病気は治るのだ、と。その時、彼らは現代医療に何を感じるのだろう。また、それまで治療に携わってきたシャーマニズムはどう変わってしまうのだろう。彼らの死生観であり宇宙観の一部でもある精霊による治療が崩壊してしまった時、彼らの暮らしや生き方はどうなってしまうのだろう。

次は「ブラジル社会を知るヤノマミの増加」だ。事の起こりは七、八年前に遡る。NGOの指導・協力の下、ワトリキの長老たちは次世代を担う若者をブラジル社会に「留学」させることに同意、三人の若者がブラジル北部ロライマ州の州都・ボアビスタに送られた。三人の若者はNGOの事務所で暮らし、先住民のための学校に通い、ポルトガル語をマスターした。その三人とは僕たちの通訳をしてくれたモザニアル（文明社会が嫌になって二年で戻ったと語っている）、ダリオ（ダビの長男でヤノマミの渉外団体の大統領を務める父親の補佐役としてボアビスタで暮らしている）、そしてアンセルモだった。

三人の中で最も長く町に留学し、最も懸命に勉強し、最もワトリキと町とを行き来したのは、おそらくアンセルモだ。彼はワトリキに戻る度に様々な「文明」の品々を持ち帰った。ラジカセ、DVD、サッカーボール、塩、そして、パソコンに携帯。大人たちは無関心を装ったが（嫌悪する者もいた）、アンセルモより一世代若い者たちは「文明」の品々に引き寄せられた。そんな若者たちにとって、ナプの文化は忌み嫌う存在から憧れの対象となった。そして、それを認めない長老たちとの間に溝ができた。

「言葉」の問題も大きい。かつて、ヤノマミはブラジル社会と諍いが起きると、戦うことしか念頭になかった。ヤノマミにとっては、あくまで自分たちが〈ヤノマミ＝人間〉であって、政府の人間は〈ナプ〉、ヤノマミ以外の人間、あるいは人間以下の者に過ぎなかった。だが、「文明」と接触し、「文明」の利便性を知り、「文明」の品々が入って来るようになると、多くの長老が考えを変えた。ブラジル社会と戦っても武力では到底勝てないことを悟ったのだ。長老たちは武力で勝てないのなら、言葉で訴えるしかないと考えた。そして、NGOが提案したポルトガル語の教育に同意した。ワトリキでは二十一世紀に入ってから、NGOによるポルトガル語教育が不定期（一年に一回・十日ほど）で始まった。

言語教育の始まりと軌を一にして、ブラジル文化の流入が始まった。高カロリー・高タンパクの食べ物を知り、貨幣と貨幣の意味を知り、様々な現代社会のシステムを知った。ある者は賃金を貰って保健所で働くようになり、狩りに行かなくなった。ある者はシャボノを出て、タピリに住み始めた。私有やプライバシーの概念が持ち込まれた。

二十年前まで、ワトリキの人々は誰もパンツを穿いていなかった。十年前までは誰もお金を見たことがなかった。そして今、彼らは資本主義の入り口にいる。

宣教師がやって来ても彼らは生き方を変えなかった。政府が力づくで「文明化」しようとしても、反抗するだけだった。だが、ヤノマミ自身が「文明」を知り、「文明」の品々を持ちこむに至って、何かが大きく変わり始めた。それは、もはや逆戻りの難しい変化のように思われた。

ヤノマミの居住区が保護区に指定された時、ＦＵＮＡＩの総裁として陣頭に立ったシドニー・ポスエロ氏は、先住民と「文明」との難しい関係について、こう語っている。

「原初の世界に生きる先住民にとって最も不幸なことは、私たちと接触してしまうことなのかもしれない。彼らは私たちと接触することで笑顔を失う。モノを得る代わりに笑顔を失う。彼らの集落はどんなに小さくても一つの国なのだ。独自の言語、風習、文化を持つ一つの国なのだ。そうした国が滅んだり、なくなったり、変わってしまうということは、私たちが持つ豊かさを失うことなのだ」

ワトリキの人々は、「文明」と深く結び付くことで何を得て、何を失うのか。そして、ワトリキはこれからどうなっていくのか。
僕たちは、何かが崩壊しようとしている寸前の、小さな裂け目を見たのかもしれない。

アンセルモの帰郷

七大ファミリーの一つ、アントニオ一家の長男アンセルモ（二十代半ば）は、NGOが推し進めた教育・留学プログラムの第一期生として十代後半に初めて町に行った。彼は七年間先住民を対象とした学校で学び、さらに先住民のための大学への進学を希望している。実現すれば、ヤノマミで最初の大卒者となる。

ポルトガル語教育とブラジル社会への留学制度を二本柱とする教育プログラムを考案・運営しているのはCCPY（Comissão Pró-Yanomami 本部サンパウロ）というNGOだ。CCPYはヤノマミ族保護区の制定に多大な力を発揮し、先住民の人権を守るという観点から、ヤノマミ族の側に立って長らくブラジル政府との交渉を助けてきた。
ダビは「ブラジル社会は強大だ。ヤノマミはブラジル社会に騙されないためにもポルトガル語を学ぶべきだ」と言った。それは、彼らが受けて来た苦難の歴史からすれば正論なのかもしれなかった。自分たちの考えや意見をヤノマミ語で吠えたところで、ブラジル社会からは相手にされないだろう。しかし、言語は両刃の剣だ。手段として使うだけに止めることができるのか。ブラジル社会に取り込まれてしまうのではないか。アンセルモの帰郷を見た時、そんな思いが過《よぎ》った。

ハナナリゥに漁に行く数日前、アンセルモは腰にウエストポーチを巻いてセスナから降りて来た。セスナの座席にはお土産がどっさり積まれていた。アンセルモは包みを解くと、集まった人々に土産を配り始めた。女たちには塩を、男たちには煙草を、父親にはウエスタンハットを、年下の友人にはサッカーボールを配った。

僕たちが驚いたのは、塩だった。原初の先住民社会に塩はないと聞いていたからだ。確かに、少し前までワトリキには塩はなかったという。必要な塩分は果実から取るか、ハンモックから放尿して乾いたモノを塩代わりにしていた。だが、女たちが塩を受け取る表情は至極自然なもので、初めて見る珍品に群がるという感じはなかった。アンセルモは帰郷する度に、塩を配っているようだった。

サッカーボールは前回（二〇〇六年?）の帰郷でワトリキに初めてもたらされた。

アンセルモ

アンセルモがルールを教え、すぐにサッカーが大流行した。若者たちは狩りにも行かず、畑仕事も手伝わず、サッカーばかりするようになった。大人たちは顔を顰めた。若者の一人が切り株に躓き足を捻挫するに及んで、長老の一人が「サッカーはやめるべきだ」とヘレアムゥで言った。すると、アンセルモが「サッカーのどこが悪いのだ！」とその場で反論した。長老に面と向かって反論することは、それまでのヤノマミ社会にはないことだった。

アンセルモの反論は、いわゆる民主教育の賜物と言えるかもしれない。これは諍いではなく議論だ。本人はそう思ったのだろう。だが、アンセルモの反論を聞いていた別の長老が後日、吐き捨てるように言った。

「あいつは、身体はヤノマミでも、心はブランコ（白人）だ」

アンセルモは町の学校でマキシ族の女性と知り合い、結婚相手としてワトリキに連れ帰った。彼女は聡明な女性だったが、明らかにワトリキの女たちとは違っていた。Tシャツを着て、ブラジャーとTバックの下着をつけ、顔にはうっすらと化粧をしていたのである。二人の囲炉裏にはその女性の私物が並べられていたが、レブロンのマニキュアとかブラジルのメーカーの基礎化粧品もバナナと一緒にぶら下げられていた。

帰郷した翌日から、アンセルモ夫婦はシャボノの中で子どもたちに勉強を教え始めた。夫婦は子どもたちからポルトガル語で「プロフェッサール（先生）」と呼ばれていた。

アンセルモが言った。

「ポルトガル語を覚えてもヤノマミであることには変わりはない。ヤノマミが伝統や文化を失うことはない」

留学生に選ばれるだけあって、アンセルモは頭もよく、人の意見もよく聞き、人望（特に若手の）が厚く、集団を率いる統率力にも秀でていた。ＮＧＯが次世代のリーダーとして目をつけ、町の学校に送ったのも分かるような気がした。彼の聡明さがあれば、ブラジル社会に取り込まれることなく、ヤノマミの自立を守り続けることができるかもしれない、とも思った。

だが、一つだけ、どうしても気になることがあった。アンセルモはシャボノでは暮らしていなかった。アンセルモは自分たちの家族のために、シャボノに隣接した場所にタピリを持っていた。タピリの中はブラジル人の住居（特にアマゾン地区の住居）とさほど変わらなかった。テーブルがあり、ラジカセもあり、机にはボアビスタで使っていたと思われる携帯電話が置かれていた（もちろん、ワトリキでは「圏外」となり使えないが）。

一番驚いたのは、戸に大きな錠前が付いていたことだった。どうして鍵をかけるのかとアンセルモに聞くと、「盗まれることを心配しているわけではない。ただ、大切なものを触られて壊されるのが嫌なのだ」と答えた。

ワトリキの中で、殆どここだけに、確固たる私有の概念があった。

ジュニオー、初めて町に行く

アンセルモが第一期の留学生だとすると、第二期の留学生に選ばれたのはシャボリ・バタの次男ジュニオー（二十代前半）だった。概して「文明」への関心度が高いワトリキの若者にあって、ジュニオーは伝統的な暮らしを重視するタイプの若者だった。狩りには週に三、四日は行き、畑仕事もよく手伝った。僕らに話しかけてくる時もヤノマミの言葉を使い、ＮＧＯから習ったポルトガル語を使うことはなかった。

彼に留学への感想を聞くと（ポルトガル語では通じず、モザニアルの通訳が必要だった）、「本当は行きたくない」と答えた。後日ＮＧＯに聞いた話では、ジュニオーを推したのはワトリキの住人たちだという。それが七大ファミリーの家長たちの総意でもあったようだ。おそらく、身が軽いこともあったと思われるが（結婚はしていたが子どもはいなかった。ジュニオーは十六歳で十一歳の少女と結婚したが、最初の子どもは精霊のまま天に送り、二人目の子どもは人間として迎え入れたが出産後すぐに死んだ）、それ以上にシャボリ・バタの次男であることが大きかったように思われた。ジュニオーもそのことを理解しているようだった。行きたくはないが、ワトリキの代表としてブラジル社会を学ばねばならない、という覚悟もあったように思われた。

ジュニオーが出発する日までの一週間ほど、僕たちは彼ら夫婦と行動を共にしようと思った。

夫婦は仲むつまじく、いつも一緒にいた。二人で畑に行き、シャボノに戻ると収穫してきたパパイヤを二人で食べた。水汲みも水浴びも一緒に行っていた。夜になると一つのハンモックに包《くる》まって寝た。一つのハンモックに包まるのは夜だけではなかった。昼間もよくじゃれ合っていた。その頃は妻の出産直後だったこともあり、乳首からは母乳が出た。ジュニオーは妻の乳首を摘まんで乳を搾り出すと、手にとって舐めて、妻と一緒に笑っていた。

ジュニオーに「妻としばらく離れ離れになるが淋しくはないのか?」と聞いた。ジュニオーは「すぐ戻ってくるのだから淋しくない」と答えた。妻にも同じ質問をしたが、他のヤノマミの女と同様に、若い妻もやはり〈タイ・ミ(分からない)〉としか答えなかった。

川べりに蝶が集まり始めた乾季のある午後、中々二人の姿が見当たらないことがあって、畑まで探しに行った。途中、岩が露出して草木の生えない一帯があり、その奥からポルトガル語のアルファベットを連呼する若い男の声が聞こえてきた。ジュニオーの弟、ニルソン（十代後半）だった。ニルソンは一人でアルファベットを音読していた。二十ページほどの教科書はNGOがジュニオーに与えたものだった。ニルソンは兄から借りるか勝手に持ってくるかして、たった一人でポルトガル語を勉強していたようだった。僕たちに気づくと、ニルソンは少しはにかんだ後、また音読を続けた。

別の日、森の奥からブラジル音楽が聞こえて来た。それはブラジルのパーティーソングで、男が好きなものをラップ風に連呼する歌だった。セルベージャ（ビール）、カルナバウ（カーニバル）、カイピリンニャ（砂糖黍から作ったスピリッツをライムで割ったカクテル）、フチボー（サッカー）、パライーソ（天国）、アミーゴ（友だち）。歌詞に合わせてニルソンたち数人の若者が叫んでいた。セルベージャ、カルナバウ、カイピリンニャ、フチボー、パライーソ、アミーゴ……。見ると足元に古いラジカセがあった。アンセルモの家で見たラジカセだった。ラジカセを指さしながら「アンセルモ？」と聞くと、ニルソンは目を輝かせて〈アウェ！（そうだ！）〉と言った。

この歌はワトリキの若者の間で一時大流行した。シャボノにいる間、ニルソンはハンモックに寝転がりながら、「セルベージャ、カルナバウ、カイピリンニャ、フチボー……」と歌っていた。歌詞の意味は知らないようだった。その脇で、シャボリ・バタが眠り続けていた。

百五十日間の同居が終盤に差し掛かった頃、ニルソンがモザニアルを連れて、僕たちの囲炉裏にやって来たことがあった。モザニアルがニルソンのヤノマミ語を通訳した。

「今度いつ来るのか、とニルソンが聞いている」

「分からない」

「来る時はお土産を持ってくるのか、とニルソンが聞いている」

「来ることがあれば持ってくるが、何を持ってくるかは長老と相談する」

「ニルソンは言っている。自分にはサッカーの靴を持ってきてくれ」

ジュニオーがワトリキを発つ前日となった。明日の午前中、町からNGO職員を乗せたセスナがやって来て、それに乗ることになっている。もちろん、ジュニオーにとって初めてのセスナだった。

シャボノではジュニオーが荷作りを始めていた。NGOから貰った教科書にノート、金剛インコの羽根で作った飾り物（祭りの時などにつける。ヤノマミの正装でもある）、サンダルなどをＮＧＯから貰った古いスポーツバッグに丁寧に入れていた。

ジュニオーはボアビスタにあるＮＧＯの施設に泊り、必要な生活費はＮＧＯから渡されることになっている。食費は全てＮＧＯ持ちだから、そのお金は町でお土産を買うためのものでもあった。一か月の滞在で支給される生活費は百レアル（およそ六千円）になる。そのお金で何を買うつもりなのかと聞くと、ジュニオーは「Ｔシャツ、時計、サッカーボール……」と言った。

時計はアンセルモたち第一期留学生が初めて買って来て以来、若い女たちの間で流行した。市場に行けば、安いものなら一個二百円ぐらいで売っている。女たちは時計を時計としてではなく、腕に巻く装飾品として使っていた。

ジュニオーが荷作りをする近くで、兄のペデリーニョがヘレアムゥのように語り出した。

「町には悪いことがたくさんある。酒、食べ物、女。酒は絶対に飲んではならない。酒を飲めばブランコに騙される。心を奪われる。ブランコは〈ショーリ、ショーリ（友よ、友よ）〉と言って近づいてくる。でも、ついて行ってはならない。お前はヤノマミで、あいつらはブランコだ。女にもついて行ってはならない。ブランコの女はヤノマミを欲しがっている。しかし、お前はブランコの女を欲しがってはならない。惑わされてはならない。ブランコの女とワンムをすれば病気になってしまう。お前のことはオマムが見ているぞ。騙されてはならない。ブランコに騙されてはならない」ペデリーニョのヘレアムゥは一時間以上続いた。その間、ジュニオーは何度もバッグに荷物を入れては出し、出しては仕舞っていた。

その日は快晴だった。みんなが保健所の脇にある滑走路まで出向き、ジュニオーを見送った。ジュニオーからは、セスナに乗る興奮も不安もワトリキを離れる悲しさも垣間見ることはできなかった。淡々とセスナを待ち、手も振らずに乗り込み、あっという間に空に消えていった。それは、見送りにきた妻も同じだった。抱き合ったり、涙を流したり、言葉さえ掛け合わず、ただセスナが離陸するのを見て、離陸し終わると、みんなと一緒にシャボノに戻った。

ジュニオーがワトリキを去ってから一週間後、僕たちはワトリキを去った。そして、マナウス経由でサンパウロに戻る前日、ジュニオーが暮らすNGOの施設をボアビスタに訪ねた。施設には中庭と小さなプールがあり、木陰にはAVコーナーが設けられていた。そこにジュニオーがいた。彼はハリウッドのアクション映画を見ていた。そして、「もう何回も見たから厭きた」とポルトガル語で言った。

ハンモックから起き上がった彼の身体を見て、驚いた。引き締まった体は腰の回りでだいぶ緩んでいたからだ。施設では、フェジョン（豆料理）、コメ、肉、パスタなどの食事が三食出る。狩りをする必要もないし、そもそも町中では獲物もいない。NGOの職員に聞くと、ジュニオーは一週間で十キロ近く太ったということだった。
お土産は買った？　と聞いた時、彼は頷いたあとで何かを言おうとしたが、うまくポルトガル語が出てこないようだった。町には何回行ったと聞くと、「一回」と答え、続けて「もう行きたくない」と言った。

ワトリキのヤノマミが会ったことのあるナプは、FUNAIの職員、看護助手、NGO、僕らのようなマスコミに限られている。みんな、ヤノマミの敵ではない。ヤノマミの理解者で協力者が殆どだ。別の言い方をすれば、ヤノマミが好きな人たちと言うこともできる。だが、町に暮らす市井《しせい》のブラジル人は違う。ヤノマミだからといって敬意を払うこともないし、優しく出迎えてくれるわけでもない。あいつらは怠け者で何もできないと思っている人が大多数だ。森で暮らしていた人間がいきなり町に来れば右往左往するのが当たり前なのだが、それが怠け者や愚図に見えるのだ。おそらく、ジュニオーも土産を買いに行った町で嫌な目に遭ったのだろう。そして、ワトリキで会ったナプとは違う本当のナプを知ったのだろう。

僕たちは三十分ほど滞在して、ジュニオーに別れを告げた。彼につまらない劣等感が芽生えないことを祈った。〈アウェ!〉と言って別れようとした時、ハンモックの脇にワトリキから持ってきた弓矢が立てかけられていることに気づいた。森の中では、あれほど大きく、勇ましく、時に禍々しくも見えた弓矢が、とても小さく見えた。それは、もはや狩猟のための道具ではなく、アマゾンの空港でよく売っている民芸品のようだった。

草刈りをするハイムンド

ワトリキの住人の中で、よく保健所に行く男がいた。男はブラジル名をハイムンド(四十代半ば)といい、一九八〇年代の半ばに短期間ではあるが町で暮らしたことがあった。ワトリキに合流する前、別の集落で重病を患い、病院に搬送されたらしい。ハイムンドはその病院でナプを知り、つき合い方を学び、さらにはブラジル社会との接し方を身に付けた。

ハイムンドはいくらか自分を卑下するような感じで、僕たちに接してきた。また、彼はいつもポルトガル語で話しかけてきた。「ボン・ジア（おはよう）」、「ボア・ノイチ（おやすみ）」、「オブリガード（ありがとう）」。ポルトガル語を使う自分を楽しんでいるようだった。

そんなハイムンドの最大の関心事は「モノの値段」だった。バナナ一房、Tシャツ、サンダル、時計、いろいろなものを指さして、いくらかと聞いてくるのである。彼はテレビカメラを指さして「いくらか？」とよく聞いてきた。さすがに本当の値段を言うわけにはいかないから、「知らない」と答えるしかなかった。

ハイムンドが保健所によく行くのは、保健所の仕事を手伝って米やフェジョンの料理をもらうためだった。ワトリキの住人の中にはブラジル社会の食べ物を毛嫌いする者が多い。そもそも味覚が違うからなのだが、彼らは自分たちの食べるものが一番美味いと思っていた。また、若者は興味関心から別社会の食べ物を食べてみたいと思っているようだったが、自分から「欲しい」とは余り言わなかった。だが、ハイムンドはちょっと違っていた。何かを手伝っては昼食を貰っていた。家に持ち帰って家族の誰かに分けるためではなく、自分だけで食べていた。ハイムンドには「文明」社会への抵抗が少ないように思われた。それが、町にいた経験からなのか、単なる「文明」

のモノへの関心からなのか、保健所や政府への依存体質が染み込んでしまったからなのか、または、保健所とのパイプ役であることを周囲に誇示するという政治的な意図があるのか……。どれか一つと言われれば困ってしまうが、僕にはその全てであるように思われた。

ハイムンドは何年か前から、保健所の前の芝や滑走路の草を刈る「仕事」を請け負っていた。彼は、それが「自分の仕事だ」と片言のポルトガル語で言った。滑走路には月に一回、保健所のセスナがやって来る。草ぼうぼうでは危険だった。ハイムンドの仕事ぶりに、交代でやって来る看護助手もセスナのパイロットも喜び、仕事の対価としてFUNASAから月二十レアル（およそ千二百円）が支払われることになった。つまり、FUNASAとハイムンドは雇用・被雇用の関係となったのだ。そして、ハイムンドに支払われる現金は、ワトリキの住人が初めて手にする通貨でもあった。

ある時、ハイムンドにいくら貯まったのかと聞いた。ハイムンドは三百レアルだと答えた。お金を貯めて何を買うのか、とも聞いてみた。すると、ハイムンドはこう答えた。

「昔、町にいた時に自動車を見た。自動車が欲しい」

そして、自動車はいくらなのか、僕たちに何度も聞くようになった。ハイムンドは頭のいい男だったので、このペースでお金が貯まったとしても、自分が生きている間に自動車を買えるほどには貯まらないことを理解していたに違いない。だが、彼は希望を捨ててはいないようだった。まるで日本の高度成長期の労働者、あるいは、一九五〇年代に郊外で暮らし始めたアメリカのホワイトカラーのように、ハイムンドは「お金を稼げば自分の未来は明るい」という未来像を持っているかのようだった。その希望はいくらかナイーブ過ぎるきらいはあったが、これまでのヤノマミにはない類の希望でもあった。

その後も何回か、ハイムンドは自動車の値段を僕たちに聞いてきた。だが、彼は貰ったお金をどこにしまっているのか、僕たちが何度聞いても、けっして教えようとはしなかった。

心臓病の娘と寡黙な父

その三、四歳の子どもには心臓に先天性の異常があった。保健所の設置以来、ワトリキには何年かに一度軍医がやって来て全員の健康診断を行っているのだが、何年か前の検診で心臓に異常が見つかったという。手術をしない限り長くは生きられないというのが軍医の診断だった。保健所は手術を勧めた。ワトリキの長老が集まり協議となったが、子どもを病院に送るという保健所からの提案は却下された。そのことについて長老の一人に聞くと、彼は「子どもは既に精霊になっている」と言った。

だが、母親は子どもを連れて毎日のように保健所に通った。保健所には心臓病を治療するための設備も薬もなかったから、看護助手はビタミン剤を与えるしかなかった。母親は高熱を下げる薬やマラリアを治す薬の効果を知っていただろうから、その丸いビタミン剤が魔法のように子どもの病を治してくれると信じているようだった。

子どもの父親は寡黙な男だった。ジェロンシオと言って、二十代後半から三十代前半と思われた。僕たちと会っても目で挨拶する程度で言葉を発することはなかった。もちろん、ポルトガル語は殆ど一言も喋ることができない。

だが、NGOがやって来て短期の学校が開かれた時、ジェロンシオの姿がそこにあった。子どもたちに交じって、そこにあった。ジェロンシオに、なぜポルトガル語を勉強しようと思ったのかと聞いたが「分からない。なぜかは分からない」と言うだけだった。

ビタミン剤を貰うために毎日保健所に通う母親と突然ポルトガル語を学び始めた父親。保健所が出来てから十年が経ったワトリキの、何かを象徴する出来事かもしれなかった。

マータの病

ラシャの祭りの最中のある夜中、突然のシャボリが始まった。いつものことだと思ったのだが、耳を澄ませると、シャボリの音に混じって女のものと思われる嗚咽が聞こえて来た。悲しい嗚咽ではなく、苦しそうな嗚咽だった。

シャボリは翌朝まで続いた。その声の方向に行ってみると、一人の女が腹部を押さえて苦しんでいた。女はマータと言い、年齢は四十代半ば、麻疹で死んだという母はシャボリ・バタの前妻だった。保健所で聞くと、マータには以前から子宮筋腫、あるいは子宮癌の疑いがあるということだった。

マータの症状は日に日に重くなり、ハンモックから出てくることも少なくなった。シャーマンが入れ替わり立ち替わりやって来て治療にあたったが、良くなる気配はなかった。人々は次第に寡黙になった。シャボノの空気は重く沈んだ。

長老たちは泰然としているように感じられたが、若者たちの多くは張りつめた表情をするようになった。そして、若者だけで集まっては、何やら深刻に協議をする時間が増えていった。モザニアルが「町の病院に送るかどうか話しあっているのだ」と言った。彼によれば、若者たちの提案を長老に諮ってみたが、長老全員から却下されたという。ワトリキでは、女が町の病院に搬送されることは、これまで一度もなかったことだった。

ちょうどアンセルモが帰郷していた時で、彼とモザニアルは足繁く保健所に行くようになった。どうすればいいのか、長い時間看護助手と話し込んでいた。看護助手は長老たちの同意があれば、緊急のセスナを呼ぶと言った。だが、長老が反対している以上、それも難しかった。看護助手は諦め顔となり、アンセルモとモザニアルは苛立っていた。

ある日、アンセルモとモザニアルが看護助手にマータへの点滴を依頼した。看護助手が道具を持ってシャボリにやって来た時、長老の一人が何やらまくしたて始めた。抗議しているようだった。険悪な空気が流れた。病を巡って、若手と長老が反目し合っているのは確かだった。

数日後、驚くことが起きた。健康状態が優れず寝てばかりいたシャボリ・バタが起き上がり、マータへのシャボリを始めたのだ。シャボリ・バタが直接治療を行うのは久しぶりのことだった。さらに驚くべきことに、その翌日マータは畑にいた。「バタが治した」。他の女たちが誇らしげに言った。アンセルモもモザニアルも感動しているようだった。女たちと同じように、彼らも「バタが治したのだ」と言った。

だが、数日後、マータは再び苦しみ出し、ハンモックに寝込むようになった。シャボリ・バタは前回のシャボリで全精力を使い果たしたのか、寝込んだままで起き上がることはなかった。再び、他のシャーマンたちが治療にあたり始めた。二十四時間、シャボノからシャボリの声が止むことはなかった。

同時に、アンセルモたちが再び頼んだのか、看護助手が点滴を持ってやって来た。抗議をする者は一人もいなかった。シャーマンが祈禱を行う脇で、マータの腕に注射針が差し込まれた。

さらに数日後のことだった。アンセルモとモザニアルが実力行使に出た。時代劇の籠のようにハンモックを木に括りつけ、マータを寝かせたまま保健所まで運び始めたのだ。僕らが近づくと、モザニアルは緊迫した表情で「来るな」とだけ鋭く言った。マータの運搬には数人の若者が加わったが、誰もが硬い表情を崩さなかった。セスナがやって来たのは二時間後のことだった。マータはセスナに乗せられ町の病院に搬送された。付き添いとして、マータの長男が母親について行くことになった。長男にとっても、初めての町だった。この日、長老は誰一人として保健所に姿を見せなかった。

マータがワトリキに帰ってきたのは三か月後のことだった。雨季の最中だった。正確な病名や、どのような治療が施されたのか、保健所の看護助手には分からないということだったが、マータはすっかり元気になって帰って来たようだった。栄養状態も良かったのだろう。顔色はよく、身体にはいくぶん脂が付いていた。そして、戻った翌日から畑に出て働いた。

しばらく経ってから、モザニアルが「シャボリで治せない病気は保健所に任せるべきだ」と言った。確かに、彼らは自分の信念の通り行動し、マータの命を救ったように思われた。

マータが病院で亡くなっていれば、結果は違っていただろう。だが、マータは現代医療によって完治して戻ってきた。家族は喜び、保健所への信頼感は増した。

重要なことは、シャボリで治らない場合は病院に搬送するという一つの前例ができたことだった。しばらくして、心臓病の女の子も病院に送られることになった。ポルトガル語を学び始めた父親のジェロンシオが付き添いで同行することになった。ジェロンシオにとっても初めての町だった。

どのように金を工面したのか分からなかったが、マータの長男もジェロンシオも町の病院から戻って来た時、大量の土産を買ってきていた。若者たちへの感謝からなのか、その中にブラジル代表の黄色いユニフォームが何着かあった。若者たちはユニフォームを代わる代わる着てサッカーに興じた。ロナウドやロナウジーニョのユニフォームを着た若者がシャボノを歩くようになった。外見だけ見れば、ブラジル社会の少年と何の変わりもなかった。

キング・コングとシャボリ・バタの叫び

マータが病院に搬送されてから二、三週間後のことだった。シャボノの一角に、アンセルモがパソコンを持ち込んだ。NGOが置いていったものだった。電源は、保健所の看護助手と交渉し、緊急時用のジェネレーターを借りたようだった。子どもを中心にすぐに三十人ほどの人垣ができた。これから、DVDの上映会が始まるのだ。

上映会には寝込んでいたシャボリ・バタもやって来た。シャボリ・バタの息子が「面白いものが始まるから」と強引に誘ったようだった。シャボリ・バタはパソコン画面の正面にハンモックを吊って、寝転がりながら画面を見つめていた。

上映されたのは『キング・コング』だった。巨大なキング・コングが登場すると、子どもたちが〈バッショア！（猿だ！）〉と叫んだ。ナオミ・ワッツを見て、誰かが「このブランコ（白人）の祖先が、この猿だ」と言った。数人がアハハーと笑った。それ以外の者たちは画面に釘づけとなった。アンセルモを除けば、CGやVFXのことを知っている者は誰もいない。画面で映っていることは全て本当のことだと考える。森のずっと遠くには不思議な建物があり、自分たちとは違うナプが住んでいて、巨大な猿がいると信じたのだ。

二時間以上の映画が終わった時、シャボリ・バタはハンモックで顔を覆っていた。途中から関心がなくなって、寝てしまったのだろうと思った。だが、しばらくすると、ハンモックの中から叫び始めた。その声は次第に大きくなり、二十分近く続いた。

シャボリ・バタはこんなことを叫んでいた。

ミ　マ　ノ　ヤ

「私は見たことがある。あの猿はホトカラの上にいて、天を支えている。私は話したこともある。あの猿は天を支えているから心配するなと言った。それなのに、なぜ、猿はナプといるのだ。どうしてホトカラにはいないのだ。私には分からない。あの猿はホトカラの上にいるはずなのだ」

シャボリ・バタは、何度も繰り返して、そう叫んでいた。

シャボリ・バタの言葉が分かるはずなのに、周囲にいた人々はその叫びに誰も関心を払ってはいないようだった。

翌日はギリシャ神話の戦争を題材にしたハリウッドの活劇映画『トロイ』が上映さ

れた。シャボリ・バタは来なかった。昨夜から、ずっとハンモックで寝込んでいたからだ。上映会にはキング・コングの時以上に子どもたちがやって来た。仕事があるのか、飽きてしまったのか、大人たちの数は少なかった。

トロイはキング・コングより子どもたちの心を捕えたようだった。すぐに、森から木を切ってきてトロイの剣を作り、チャンバラごっこを始めた。まさにそれは、チャンバラごっこだった。ちょうどラシャの祭りの終盤の頃だったから、ワヤムウやシャボリが行われている近くで、子どもたちは自家製のトロイの剣を振り回していた。

しばらくして、アンセルモがやって来て、僕たちにこう言った。

「あんたたちはテレビ局だろ? テレビ局なら、いっぱい映画とかあるだろう? 今度、持ってきてくれ。みんなに見せたいんだ」

僕たちは、いい加減に返事をした。すると、アンセルモは念を押すようにまた言った。

「絶対持ってきてくれ。他のお土産はいらないから」

アンセルモにお土産を決定する権力がないことだけが救いだった。

思えば、百五十日の同居をお願いした時、長老たちが要求した対価は釣り針とかナイフだった。アンセルモの時代になれば、ＤＶＤやパソコンがプレゼントリストに加わるかもしれなかった。

政府一行が視察に訪れた日

乾季が始まり、青い空に入道雲が湧きあがった頃、政府の視察団がセスナ機に乗ってワトリキにやって来た。メンバーはＦＵＮＡＩのマナウス支部の責任者、ロライマ州とアマゾナス州の議員と警察署長の五名だった。何年かに一度行われる政府の恒例行事のようだったが、そこにヤノマミの代表として、あのダビが同行していた。

近年、ブラジルでは保護区の撤廃論議が盛んだ。最大の理由はそこに資源があるからなのだが、それ以外にも、人口の一パーセントにも満たない先住民が国土の十パーセント以上の土地を「占有」していることへの反感があった。先住民もブラジルにいるのに、どうしてあいつらだけ保護されるのか。だいいち、あいつらと自分たちの生活のどこが、どう違うと言うのか。今では、同じ道具を持ち同じものを食べているのではないか。多くのブラジル人がそう考えていた。

ダビにはそうした「世論」に対し、ワトリキを見せることで反論する必要があった。ヤノマミは昔ながらの自給自足の生活をしているし、森を守る番人でもあることを示さねばならなかった。保護区はこのままにしておくべきだということを政府のお偉方に納得させねばならなかった。

その前日、ダビから保健所に無線で連絡が入った。僕たちを森の奥のタピリに隠しておけというものだった。政府の許可を取っているのだから隠れる必要などないのだが、ダビからすれば「ナプを入れているのだから開発業者だって入れてもいいだろう」と言われたくないということだった。ダビの胸中も分かる気がした。彼は細心の注意を払って、保護区を維持していく覚悟なのだ。

ダビからワトリキの住人へ、もう一つ伝言があった。「文明」の品々をなるべく隠しておくようにという指令だった。すぐに「掃除隊」が作られ、大切にしていたビニール袋やボロボロのTシャツがひとまとめにされ、シャボノから最も遠くにあるタピリに隠された。

僕らは森の奥のタピリに隠れることだけは何とか拒絶したが、自由に動かれては困るということで、保健所の小部屋に閉じ込められることになった。

一行の滞在時間は二時間にも満たなかった。保健所で看護助手が淹れたコーヒーを飲んでから、掃除されたシャボノに向かい、男と女の踊りを見て、畑仕事をしている様も見学して、次の保護区に向かうためにセスナに乗ってワトリキを立ち去った。政府の調査というより、ヤノマミ側、あるいはダビが主催した接待ツアーのようだった。

一行が離陸する時、僕らはまだ保健所の個室に閉じ込められたままだった。セスナのエンジンが掛かり、プロペラが回り始めると、何人かの若者が叫んでいる声だけが聞こえてきた。彼らはセスナに向かって叫んでいるようだった。

彼らは、〈コブフル！（出ていけ！）〉と叫んでいた。

それは、「見世物」になったことへの怒りからのようだった。「文明」に関心を寄せる若者たちが、踊りを踊らされたことに怒っていた。畑を耕すフリをしなければならなかったことに怒っていた。一人の若者が、僕たちに向かって、「お前たちを隠すなんて許せない」と言った。申し訳ない、すまなかったと言っているようだった。

だが、彼らの言葉に、僕は力なく笑うしかなかった。

ワトリキでは、「文明」への依存が進む一方で、「文明」への憎悪も深まっている。依存と憎悪。依存は、時に依存する側の人間を卑屈にさせるだろうし、それが憎悪に変わっていくことも想像に難くない。今後、その「依存」と「憎悪」は、ともに大きくなることはあっても、なくなることはないように思われた。

そんなことを考えていると、若者の一人が、また政府の悪口を言った。僕に同意を求めているような言い方だった。だが、僕は、彼らの感情に寄り添うことも、同情することも、励ますこともできず、やはり、力なく笑うことしかできなかった。

終章　僕たちは去る

百五十日の同居が終わる日が近づいてきた。

僕の体調は優れなかった。寒気がして、微熱があり、脈も弱かった。保健所に戻って寝込む日が続いた。

看護助手はマラリアを疑った。だが、血液検査をしてみても、陽性反応が出なかった。看護助手は「町に戻ったら、ちゃんと大きな病院に行った方がいい」と言った。帰りたいな、と思った。そろそろ、潮時のようだった。

一回目の滞在（二〇〇七年十一〜十二月）では、町に戻った時、ショックを受けた。町は余りに騒がしく、汚れていて、堕落しているように映ったのだ。ワトリキや、ワトリキの人々を想うと、なぜか切なくなった。ワトリキに帰りたいと思った。

二回目の滞在（二〇〇八年一〜三月）では、疲労の余り、何の感慨もなかった。

三回目の滞在時（二〇〇八年七〜九月）、僕らはワトリキを離れる前の日に「お前たちもヘレアムゥをやれ」と長老の一人から言われた。僕らはシャボノの中央で〈ヘンナハ、カミヤマ、コブフル。カミヤマ、ビヒゥアリブラル。ビヒゥアリブラル、マヒィーン。ワトリキ、トッディヒ、マヒィーン（私たち、明日、帰る。とっても淋しい。ワトリキはとっても美しい）〉のようなことを言った。そして、何か歌えと言われた。僕は「ふるさと」や「赤とんぼ」を歌ったが、人々の関心を最も惹いたのは菅井カメラマンが歌った「島唄」だった。翌日、何人かのヤノマミが僕たちの囲炉裏にやって来て、「もう一度歌え」と言った。日本人もヤノマミも同じモンゴロイドだ。その中で沖縄のメロディには彼らの心を打つ何かがあったのだろう。彼らは日本の歌ではなく、沖縄の歌に何かを感じた。「島唄」を教えろという人たちを見ていて、辺境にこそ文化の本質が残るという言葉を思い出した。そして、少しだけ彼らに近づけたかな、と思った。

だが、最後の滞在（二〇〇八年十一〜十二月）では、何も言われなかった。喋れとも歌えとも言われなかった。ただ、何人かの男から「帰るならハンモックをくれ」と言われた。僕らは「次に来る時に使いたいから、ダメだ」と答えるしかなかった。すると、男たちは不機嫌そうに自分の囲炉裏に帰っていった。

やはり、潮時だと思った。

二〇〇八年十二月二十三日。僕たちがワトリキを去る日がやって来た。乾季だというのに、厚い雲が空を覆っている日だった。

若者たちは滑走路まで見送りに来てくれたが、帰ることを知っているのに見送りに来ない人たちも少なからずいた。彼らとは情を結んだ感じはあったのだが、テレビ番組によくあるシーンのように、涙の別れとはならなかった。

セスナが飛び立った時、眼下の若者たちが何かを叫んでいた。エンジンの音が大き過ぎて声を聞き取ることができなかったが、その懸命な表情を見ていたら、彼らが〈コブフル！（出ていけ！）〉と言ってくれていたら嬉しいのにと思った。なぜか、そう思った。僕にとって、依存され憎悪されるなら、憎悪されるだけの方が遥かに気が楽だった。

救いだったのは、パイロットがサービスしてワトリキの周りを旋回した時、彼らに特段の反応がなかったことだ。彼らはシャボノに戻る長い一本道をただ歩いているだけだった。僕はこう思おうとしていた。僕らは、ただ、去るだけなのだ。何も残さず、ただ去るだけなのだ。

たぶん、僕はそう思いたかったのだ。

小さくなっていく彼らの姿を見て、僕たちが見たワトリキはあとどれくらいワトリキのままで在るのだろうと思った。ポジティブな答えは何も浮かばなかった。そして、なぜか、ここに来ることはもう二度とないと思った。たとえ一年後に再訪したとしても、そこは僕たちの知っているワトリキではない。同じ人間がいて歓迎されたとしても、そこは、僕たちが百五十日間同居したワトリキではない。そう思った。

気がつくと、眼下には既にシャボノの姿はなく、深い森がどこまでも続いているだけだった。セスナが上昇していくと、森は白く霞んでいった。最初にここに来た時あれほど怖いと感じた森がやけに小さく見えた。緑の悪魔という言葉も思い出すことはなかった。

僕も菅井カメラマンもエドワルドも、誰もがぐったりしていた。帰路、会話は殆どなかった。

東京に戻ってからも、体調は悪化する一方だった。食欲がなかったし、食べるとすぐ吐いた。十キロ以上減った体重は中々元には戻らなかった。家に帰って風呂に入り、風呂上がりに自分の裸を見てみると、子どものように縮んでいた。上半身の筋肉がすっかり落ちてしまって、思春期前の少年のような体形になっていた。

外に出ると、よく転んだ。まっすぐ歩いているはずなのに壁に激突することもあったし、ぼぉーとしてトイレに行ったら、そこが女子トイレだったこともあった。何かが壊れたようだった。

菅井カメラマンとは、あの場面を見てしまったショックからだろうと話し合った。あの日以来、菅井カメラマンは子どもに手をかける夢を見るようになったと言った。僕はそんな夢は見なかったが、なぜか夜尿症になった。週に二、三回、明け方に目が覚めると、パンツとシーツがぐっしょり濡れていた。

最初は「文明」側の時間に同期することができなくなったからだと思った。あるいは、ショッキングなものを見過ぎたため、退行することで精神の崩壊を防ごうとしているのかとも思った。

だが、たぶん、どれも違うのだ。

ヤノマミの世界には、「生も死」も、「聖も俗」も、「暴も愛」も、何もかもが同居していた。剝き出しのまま、ともに同居していた。

だが、僕たちの社会はその姿を巧妙に隠す。虚構がまかり通り、剝き出しのものがない。僕はそんな「常識」に慣れ切った人間だ。自分は「何者」でもないのに万能のように錯覚してしまうことや、さも「善人」のように振舞うことや、人間の本質が「善」であるかのように思い込むことに慣れ切った人間だ。

ヤノマミは違う。レヴィ＝ストロースが言ったように、彼らは暴力性と無垢性とが矛盾なく同居する人間だ。善悪や規範ではなく、ただ真理だけがある社会に生きる人間だ。そんな人間に直に触れた体験が僕の心をざわつかせ、何かを破壊したのだ。

僕を律していた何かと百五十日間で見たものは余りにかけ離れていたから、バランスが取れなくなってしまったようだった。このままでは、ダムや堤防が一気に決壊するみたいに、全てが壊れてしまいそうだった。

だから、ワトリキの日々や人々の顔を必死で思い出そうとした。

すぐに、闇や雨や風が甦り、匂いさえ湧き立ってきた。百六十七人の顔も容易に思い出すことができた。脳裏に浮かんだ顔はみんな笑っていた。こっちを見て笑っていた。アハフー、アハフーと笑っていた。

あとがき

今でも目を閉じれば、あの暗闇を容易に思い出すことができる。アハフーという声もはっきりと覚えている。機会があれば、もう一度ワトリキを訪れ、あの闇に包まれたいなとも思う。その一方で、畏れもある。また何かが壊れてしまうのではないかという畏れがある。

おそらく、彼らを否定してしまえば何も起きなかったはずだ。彼らは違うのだ、僕たちとは違うのだ、と切り捨てていれば、心身が壊れることはなかったに違いない。でも、そうは思わなかった。むしろ、同じなのではないか、と思った。

だから、帰国してからも考え続けた。番組を作りながら考え、番組が終わったあとも考えた。なのに、やはり、分からない。考えれば考えるほど何かが壊れていくような感覚も変わらない。心身は不健全なままで、求める答えも見つかりそうになかった。

ある時、映画監督の吉田喜重氏とヤノマミについて対談する機会があり、藁にもすがる気持ちで聞いてみた。氏は「人間が解決のできない問題を提示することこそ、ドキュメンタリーなのではないか」と言った。そして、そんな場面に立ち会えたのは幸運なことなのだと静かに付け加えた。また、番組のナレーションを引き受けてくれた舞踏家の田中泯氏は「分からないということは素晴らしいことなのだ」と言った。

僕は「考えることを止めるな」という意味だと受け取った。

正直に言うと、心身が壊れたことは不安なことではあったのだけれど、けっして不快ではなかった。その感覚を上手く説明することはできない。ただ、僕はワトリキで人間が持つ「何か」に触れ、しかも、その「何か」を肯定したことだけは間違いなかった。言葉にすれば、レヴィ＝ストロースが言ったように「人間が持つ暴力性と無垢さ」なのだと思う。人間は暴力性と無垢さを併せ持つからこそ素晴らしい。人間は神の子でも生まれながらの善人でもなく、暴力性と無垢さが同居するだけの生き物なのだ。たぶん、僕はそう思ったのだ。

僕はそのことを認めることから始めたいと思った。ちょっと大袈裟ではあるのだけれど、貧困問題や九・一一後の世界や天皇制や戦争や死刑制度を考える時も、そのことから始めたいと思った。

百五十日に及ぶ同居取材はNHKのハイビジョン特集（百九分）とNHKスペシャル（五十九分）、そして劇場版（百十三分）に結実した。番組は多くの人の力によって、僕が体験したもの以上となった。スタッフ全員に感謝するとともに、特に生死を共にしたスタッフ、カメラマンの菅井禎亮氏、ブラジル側スタッフの木下庸子氏とエドワルド・マキノ氏には特段の謝辞を送りたい。あなたたちはかけがえのない同志であり、あなたたちなしでは、この取材をやり遂げることはできなかった。

今、ブラジルでは先住民保護区の撤廃論議が盛んだ。おそらく、二〇一四年のサッカーW杯と二〇一六年のリオデジャネイロ五輪に向けて、開発の波はブラジル全土で加速し、保護区の存在は風前の灯になるに違いない。その時に、ワトリキの人々はどうなってしまうのだろう……。

僕にできることがあるとすれば、彼らに「文明」の恩恵をもたらすことではなく、彼らが希望する生き方を全うできるよう、友人として手を差し伸べることだと思う。だから、彼らが望むなら、保護区存続運動の力になりたいと思っている。

ワトリキの人々が今頃何をしているのか。同居を終えてから一年が過ぎた今も、よく考える。でも、きっと彼らは僕らのことなど忘れてしまったに違いない。間もなく始まるラシャの祭りに向けて、夢中になって議論を交わし、あれこれ準備に忙しいに違いない。でも、ひょっとすると、誰かが軟弱なナプのことを思い出し、話のネタにしているかもしれない。あいつらみたいな弱い人間は見たことがないと笑っているかもしれない。そして、あの暗闇では、アハフー、アハフーという笑い声が今日も響いているかもしれない。

　そうであるなら、僕はとても嬉しい。僕は、そんな彼らがとても好きだった。

二〇一〇年一月

国分　拓

文庫版追記

同居が終わって四年が過ぎた夏のことだった。ニュースを眺めようと思ってパソコンを立ち上げた。調べたいことがあるわけでもなく、世界の動きが知りたかったわけでもない。ただの惰性からだった。

唐突に、「ヤノマミ」という文字が目に入った。液晶画面の中に『ヤノマミ族虐殺か』とあった。予期せぬ出来事だったから少し慌《あわ》てた。

二〇一二年八月三十日、サンパウロ発の外電は、以下のように〈事件〉を伝えていた。

――二〇一二年七月上旬、ブラジルとの国境に近いベネズエラのオカモ川上流部に暮らすヤノマミ族の集落に男たちがヘリコプターでやってきて、住民約八十人を銃などで殺害した。狩りのため森に入っていた三人だけが生き残った。騒ぎを聞いて別の集落から駆けつけた住民も黒こげの遺体を確認している――

八十人という数はただ事ではなかった。しかも、生き残ったのは三人だけだという。

無差別な殺戮《さつりく》によって一つの集落が壊滅したと言ってよかった。

殺戮を行ったのは金やダイヤモンドなどを探してジャングルに入り込んでくる集団・ガリンペイロのようだった。一九九三年にも彼らは同じような虐殺事件を起こしていたが（ベネズエラのヤノマミ族・ハシムー集落で十六人が殺された）、犠牲者の数はその時より遥《はる》かに多かった。

大変なことが起きたのだ、と思った。


事件の現場を探そうとして地図を開いた。アトラスの地図帳でも探し、ブラジルで買った大判の地図やＦＵＮＡＩが発行している資料にもあたった。しかし、現場となった集落も、ブラジルとベネズエラの国境にあるというオカモ川も、見つけることができなかった。

オカモ川上流部に暮らすヤノマミについて、私には何の知識もなかった。ヤノマミの集落はブラジル側だけで二〇〇以上あり、そのうち政府やＮＧＯが定期的に連絡をとっている集落は全体の一割にも満たない。しかも、その一割の中で自分が行ったことがあるのは僅《わず》か四カ所（ワトリキ・スルクク・ホモシ・アジャラニＡ）に過ぎなかった。

職場に向かう道中、既にネットに上がっていた書き込みを読んだ。多くの人が〈事件〉の現場をワトリキだと思い込んでいた。ある掲示板には「あの十四歳の少女も死んだのか」という書き込みもあった。

職場に着くと、ヤノマミは大丈夫なのか、絶滅してしまったのか、と何人もの同僚から聞かれた。メールで問い合わせてくる人もいた。多くの人が、「事件の詳細」や「事件の背景」や「ヤノマミの現状」を知りたがっていた。

夜、ブラジルの知人に連絡した。知人は〈事件〉を知らなかった。ヤノマミ族の保護活動をしているNGOのホームページを見てもらったが、何も書かれていないという。いくつかのやり取りがあった後、知人がようやくネット上にニュースを見つけた。ブラジルでの扱いは小さいようだった。ブラジル人は先住民の話題や問題に無関心なのだ、と知人は言った。詳しい情報はブラジルにもなかった。

翌日も、その翌日も、多くの人に聞かれた。

だが、重大な虐殺事件が起きたかもしれないということ、現場はワトリキではなく別の集落であること、独自の情報を入手できる術は何もないこと、私に分かっていることと言えば、その三つだけだった。

*

そして、一週間もしないうちに事件はあっけなく「収束」した。ベネズエラ政府の調査団が現地に赴き現場検証と聞き取りをした結果、虐殺の事実はなかったと結論づけたのだ。ほどなくして、情報の発信源とされていたイギリスのNGO（サバイバル・インターナショナル）も誤報であることを認めた。口の悪い人々は、先住民保護の必要性を訴えるための捏造《ねつぞう》だったとか、話題作りのためだと言い始めた。一方、いくつかの団体は事実確認が不十分だとベネズエラ政府を批判した。

また、多くの人に聞かれることになった。ヤノマミと調査団のどちらが本当のことを言っているのか。真相はどこにあるのか。

殆ど何も答えられなかった。そしてなぜか、違和感が膨らんでいった。

いったい自分は何に対して違和感を持ったのだろう。

そう言えば、一報に触れた時からひっかかりがあった。あるいは、虐殺を知らせるニュースが「トピックス」つまり「話題」というページにあったせいかもしれない。

悲劇が一行の情報としてスポーツの結果や芸能人の色恋沙汰と並んでいることへの、どうしようもない違和感。そんな感情がどこかにあったのかもしれない。でも、それだけではなかったような気がする。

きっと私は、こう思ったのだ。〈事件〉は本当に「ニュース」＝「新しい情報」だったのか。実際は、森の中で恒常的に起き続けてきたこと、すなわち「日常」だったのではないか、と。

ワトリキの人々が語ってくれたことを訳してみて、初めて分かったことがある。彼らが過去の悲劇を語る時、それが「いつ」のことなのか、何も語られてはいないということだった。お婆さんが死んだ。妻が死んだ。ナプが来た。子どもも死んだ。そう語ることはあっても、それが「いつ」のことなのか、彼らは何も語ってはいなかった。西暦のような客観的な時間軸がないことも一因なのかもしれないが、それだけとは思えなかった。侵入、収奪、虐殺、絶滅、逃亡。五百年以上前に「文明側」の人間がブラジルにやって来て以来、同じ事ばかりが何度も起き続けてきたからではないか。私たちから見れば遠い昔の出来事でも、彼らからすれば「ずっと続いてきた日常」だったからではないか。

もしかすると、オカモ川の〈事件〉だって数年前、数十年前の出来事だったのかもしれない。確かに、「二〇一二年の夏に起きたのか」という一点で真偽を判定すれば、「なかった」ということになるのだろう。だが、彼らにとって重要なのは、「いつ起きたか」ということではない。「あった」か、「なかった」か、だ。昔の出来事であろうと、かつて「あった」のであれば、それは「真」なのだ。

果たして、私たち「文明側」の基準だけで事の真偽を判定することは正しいことなのだろうか。被害者側の捉え方も尊重されるべきではないか。私たちの社会はそこまで考えた上で真偽を判定したのか。いや、そもそも「加害者」である私たちに、真偽を判定する資格などあるのか。

加害者となる。あるいは、加害者になってしまう。それは自分が最も恐れ、そうなってはならないと絶えず戒めていたことだった。だから、彼らが知らない物をワトリキには持っていかなかった。自分たちの習慣も消そうとした。番組や書籍を作る時も、資料で知り得た情報を極力排し、自分が見てきたことだけを記そうと思った。

しかし、番組が電波に乗り書物が書店に並んだ瞬間、それは無意味なことになる。結果として彼らは見世物となり、消費されて、忘れられていく。そして、その加害者の一人は間違いなく自分なのだ。

＊

〈事件〉から一年が過ぎ、二〇一三年となった。この一年で自分がしたことと言えば、彼らが作った渉外団体のホームページを見ることぐらいだった。しかし、そこに虐殺事件についての記述はなかった。新しい情報も事件への抗議声明もなかった。

ただ、ワトリキの最新映像がアップされていた。撮影者は「これからはポルトガル語を話すヤノマミがバタ・ムン（指導者）になる」と言っていたモザニアルだった。おそらくＮＧＯの誰かからビデオの使い方を教わり、撮影したものを編集してもらったのだろう。

映像は何らかの会合がワトリキで開かれた時の様子を撮ったものだった。何人かの長老が代わる代わる何かを喋《しゃべ》っていた。ダビも映っていた。ダビ以外は知らない顔だったから、他の集落から何人かの長老が招かれたのだろう。

長老たちの長い語りの合間にワトリキの人たちの顔が差し込まれていた。撮影日の情報はなく、それが〈事件〉の前か後かは分からなかった。ただ、映っている人々の老け具合から、同居が終わった後に撮られたことは確かだった。

純粋な青年を袖にして他の集落の男と結婚したケネリは乳飲み子を抱いていた。彼女の子どもかもしれなかった。いつも笑っていたスザナはビデオの中でも笑っていた。アンセルモは一人ポロシャツを着ていた。私たちが訪れた頃、ポロシャツを着ている者はワトリキにはいなかった。名前を忘れてしまった人たちも何人かいた。シャボリ・バタやローリは映ってはいなかった。

懐かしかった。だが、それ以上に感傷的な気持ちの方が強かった。爆発したあとの超新星を遠く離れたところから眺めているような無力感を感じた。

記憶も薄れていた。シャボノもいつも雨を降らせていた山もそのままの姿で映っているのに、遥か遠い昔の出来事のように感じられた。懸命に覚えた彼らの言葉も殆ど聞きとることができなかった。

忘れることは、なぜかくもたやすいのか。
どうすれば忘れることに抗えるのか。
〈事件〉以降、そんなことばかり考えている。

二〇一三年五月

筆者

参考文献

斉藤広志・中川文雄著『ラテンアメリカ現代史Ⅰ　総説・ブラジル』山川出版社、一九七八年
ジャック・リゾー著／守矢信明訳『ヤノマミ』パピルス、一九九七年
LUIS LAUDATO, *yanomami Pey Këyo*, Brasilia:Universa, 1998.
CLAUDIA ANDUJAR, *yanomami*, DBA, 1998.
レヴィ＝ストロース著／川田順造訳『悲しき熱帯Ⅰ・Ⅱ』中公クラシックス、二〇〇一年
ジャレド・ダイアモンド著／倉骨彰訳『銃・病原菌・鉄——一万三〇〇〇年にわたる人類史の謎《なぞ》　上・下』草思社、二〇〇〇年
中沢新一著『狩猟と編み籠〈対称性人類学Ⅱ〉』講談社、二〇〇八年
シェルトン・デーヴィス著／関西ラテンアメリカ研究会訳『奇跡の犠牲者たち——ブラジルの開発とインディオ〈インディアス群書9〉』現代企画室、一九八五年

ラス・カサス著／石原保徳訳『インディアス破壊を弾劾する簡略なる陳述〈インディアス群書6〉』現代企画室、一九八七年
V・ダニエル・ボニーヤ著／太田昌国訳『神の下僕かインディオの主人か――アマゾニアのカプチン宣教会〈インディアス群書18〉』現代企画室、一九八七年
ラス・カサス著／長南実訳・石原保徳編『インディアス史1〜7』岩波文庫、二〇〇九年
ジャン・メイエール著／国領苑子訳・猿谷要監修『奴隷と奴隷商人〈「知の再発見」双書23〉』創元社、一九九二年
ニコラス・ウェイド著／沼尻由起子訳・安田喜憲監修『5万年前――このとき人類の壮大な旅が始まった』イースト・プレス、二〇〇七年
大貫良夫編集『〈モンゴロイドの地球5〉最初のアメリカ人』東京大学出版会、一九九五年
ピアーズ・ヴィテブスキー著／中沢新一監修・岩坂彰訳『シャーマンの世界〈「人類の知恵」双書1〉』創元社、一九九六年
開高健著／高橋昇写真『オーパ！』集英社、一九七八年
藤原新也著『平成幸福音頭《おんど》』文藝春秋、一九九三年
G・ガルシア・マルケス著／鼓直訳『百年の孤独』新潮社、一九七二年

※これ以外にも、長らくヤノマミ族保護区で活動してきたＣＣＰＹの関係者から様々な資料を閲覧させて頂きました。特に、創設者のブルース・アルバート氏、二〇〇八年十一月十四日に保護区内で急逝した人類学者のルイス・フェルナンド氏、ルイスの妻でありＮＧＯ活動家のシモーネ・デ・ソウザ氏には多大な協力を頂きました。三人の方に感謝するとともに、仲間でもあったルイスの冥福を祈ります。

「ヤノマミ～ 奥アマゾン 原初の森に生きる～」
ハイビジョン特集（二〇〇九年二月二十六日）
NHKスペシャル（二〇〇九年四月十二日）
劇場版

解説

俵万智

ＮＨＫのテレビ番組「ヤノマミ ～奥アマゾン 原初の森に生きる～」は衝撃的だった。たぶんそれを見たすべての人に忘れがたい印象を与えたことだろう。二〇〇九年の放送後、私の周りは、ちょっとしたヤノマミブームだった。「あれを見たか？」と何人かの友人に言われ、話題にした。

「狩猟の生活とかって世界史では習ったけど、実際に見ると、こういうことか！　って思うよね。生き物殺して、さばいて、食べる……」

「いや、それは俺たちもやってることではある。自分では殺さないし、さばかないけど」

「子どもたちが動物の胎児で遊ぶのには、驚いたなあ」

「確かに映像的にはショッキングだけど、身近にあれば、今の子でも遊ぶんじゃない？」

「それは無理でしょ。虫も触れない子が多いらしいよ」
「祭りで男女が……っていうのもさ、本質的には変わんないね」
「本質は同じでも、私たち、ずいぶん面倒くさいことになってるよ、恋愛に関しては」

そんな世間話的な感想のあと、誰もが「あれは……すごすぎてコメントできない」と口ごもるのが、出産後の女性が赤ん坊を「精霊として天に返すか、人間として受け入れるか」を判断するという場面だった。特に、精霊とした場合の、その後の展開、である。

翌年、本書『ヤノマミ』が出版されたとき、すぐ手にとった。映像には有無を言わせぬ迫力があって、いろんなことを感じたが、私としては本書を読んで、ようやく考えることができたように思う。

考えたからといって答えが出るわけではないが、出産後の「精霊か人間か」。本書には次のようなくだりがある。

「僕たちは、天に送った子どもたちを思って、女たちが一人の夜に泣くことを知っている。夢を見たと言っては泣き、声を聞いたと言っては泣き、陣痛を思い出したと言っては泣くのだ。」

出産直後に、生かすかどうかの選択を迫られるということ自体が、非常に過酷なことだ。そんな選択肢、他のどんな動物も持っていない。虫だって、持っていない。つまり動物としての本能に従えば、精霊として返すという判断はないはずである。人間だから、社会のなかで生きているから、二つに一つを選べと差し出されているから、さまざまな思いのなかで女性は決断するのだろう。

スザナという女性が、産み落とした子どもを前に十分以上動かなかったときの様子が、こう記されている。「スザナは動かない。いつまでも動かない。ただ、じっと見つめるだけだった。その目は我が子を慈《いつく》しむ母の顔ではなかった。スザナはただじっと赤子を見続けていた。」その時間の後、彼女は子どもを抱き、家へ連れ帰り、体を洗う。「スザナの表情は森の中とはまるで違っていた。観察者のような顔から母の顔に変わっていた。」

観察の中には、子どもの元気さ（生命力）を確かめるような意味もあるかもしれない。が、その十分あまりの表情には、母性との葛藤《かっとう》も含まれているのではないだろうか。お腹《なか》のなかにいるときから、赤ん坊は蹴《け》ってきたり暴れたりして結構かわいいもの。勝手な想像の域を出ないが、そこで芽生えたものを断ち切れるかどうか、という時間でもあるのではないだろうか。無表情は無数の表情からできているとも言える。

過酷な選択から、多少なりとも彼女たちを救っているのは「まだ人間ではない。精霊のまま天に返す」という詩のような考え方と、白アリの巣を探すことから始まる一連の手間のかかる作業だろう。詩という表現はロマンチックすぎるかもしれないが、「母親に抱かれてはじめて人間になる」という考え方は、非常に納得できる。手間のかかる作業（儀式と言ったほうがいいかもしれない）のほうは、その手間が思考を止めてくれる面と、決まった形式があるからこそ、遂行できるという面があるように思う。自由にやれと言われたら、とてもできない。その形式のなかで、女はなんとか自分を保てるのではないだろうか。

本書を読んで強く感じたのは、「著者がこういう人だから、あの映像が撮れたんだな」ということだ。性急に理解しようとしたり、答えを出そうとしたりしない。あるがままのヤノマミを、あるがままに……という姿勢が、文章からひしひしと伝わってくる。そして彼らの存在が、きわめて本質的で大切な何かを教えてくれることを直感し、リスペクトしている。その思いは、彼らにも伝わっていたはずだ。

一年に一度しか川での漁をしないことについて「これで十分なのにどうしてこれ以上獲《と》らねばならないのだ、とみんなが思ったのではないか。それは経験則ではなく、彼らの価値観であるように思えた。」この受けとめ方。

精霊か人間かの場面でも、私は簡単に葛藤という言葉を先ほど使ってしまったが、著者はもっと丁寧に、その「わからなさ」に向き合っている。「女たちは、何か大きな力の下に生きているようだった。習慣とか伝統とか経済といった小さな理由ではなく、もっともっと大きな理由。女たちは善悪を越えた大きな理《ことわり》の中で決断しているようだった。その理が何かと問われれば、やはり、森の摂理と言うしか他に言葉が見つからない。」「その理由とは、言葉で表すことができないぐらいの、途轍《とてつ》もなく大きなものなのかもしれない。それなのに、理由や基準を知りたいということは、彼女の決断を僕たちの社会の尺度から測ることなのではないか。そして、そもそも、けっして語られることのない理由を考えることに、何の意味があるというのか。」

ローリという少女が、赤ん坊を天に返そうとしたとき、著者は思わず目を背け、周りにいた女性たちが失笑する。そのとき「僕はその場を穢《けが》してしまったと思った。僕のせいで、笑いなど起きるはずのない空間に笑いを起こしてしまった。」と感じている。なんて相手に寄り添った感じ方だろう。その後、目にした光景によって、著者は帰国後夜尿症になるほどのダメージを負うというのに。

取材者がいても、ヤノマミにとって別にいいことは（わずかなお土産をのぞけば）これといってない。そんな部外者の滞在を認め、撮影をここまで許したのは、やはり人間として通い合う何かがあったからだろう。それが、著者の誠実な言葉のはしばしから伺えるのだ。

文明との接触ということについても、細心の注意をはらっている。安易な接触が、取り返しのつかないことになるという感覚の底にあるのは、やはり彼らへの畏敬《いけい》の念だ。

加えて、優しい男だなあと思ったエピソードを、たとえば三つあげてみよう。具体的なことは本文にあるので、関連するヤノマミの名前を書いておく。

政府の駐在員とヤノマミの女性との間に生まれたマルキーニョという青年。てんかんのために捨てられたジョイナスという子ども。そして都市部へ留学をしたジュニオーという青年。それぞれの運命を知り、それぞれのこれからを思い願う著者の言葉に、胸が熱くなる。

本書を最初に読んだのは二〇一〇年で、私は仙台に住んでいた。翌年、震災を機に、沖縄の石垣島へ移住した。はじめは春休み中の避難という気持ちだったのだが、圧倒的な自然と昔ながらの地域社会に魅せられて、思いがけず定住してしまっている。久しぶりに読み返して、ヤノマミの世界を味わい、こんな言い方はおこがましいとは思いつつ、以前よりは感覚的に理解できる部分が増えたなと感じた（仙台で読んだときには、まるで別世界の話だった)。

石垣島は十分に文明化された島ではあるが、夜になればつかめそうなほど星がまたたき、闇《やみ》にはハブがいる。息子の一番好きな遊びは、滝壺《たきつぼ》でのターザンごっこ。地元の子どもが、魚をモリでついてしとめるのを見たこともある。近所の中学生は、自分で肥育した牛を食べた経験を話してくれた。

歌や踊り、そして祭りで人々が一つになるというのも「こういうことなんだ」と肌で感じる。先祖を敬い、地域には巫女《みこ》的な女性がいて「御嶽《うたき》」と呼ばれる場所での祭事を司《つかさど》っている。

台風が年に何度もやってきて、農作物に被害をもたらす。「文明文明っていうけど、台風一つ、消せないんだよなあ。人間なんて、そんなもん」と、いやおうなく謙虚な気持ちにさせられる。近くの島には深い谷があり、妊婦がジャンプさせられたという伝説が残っている。飛び越えることができなければ流産したはずだ。貧しく人頭税が厳しかった時代を物語る話である。

そんな環境のなかで、再読した『ヤノマミ』だった。シャボリ・バタがカメラの前で一度だけ語ってくれたという死後の世界。それを聞いたときの印象として、著者はこう記す。「深い森の中でその言葉を聞いた時、彼は『当たり前のこと』をただ『当たり前』に語っているのだと思った。」この違和感なく受けとめられてしまう感覚に、自分もほんの少しだが、近づいたような気がする。

現象だけを追えば、そして映像で見てしまえば、今の自分たち（＝文明）とは対極にあるようにも見えるヤノマミ。だが、私たちはヤノマミと地続きなのだ。私たちの中にもヤノマミがいなくては、おかしい。文明をそぎ落としたときに、そこからヤノマミが現れなければ、しょせん私たちはがらんどうなのだ、と思う。

（二〇一三年九月、歌人）

この作品は二〇一〇年三月にＮＨＫ出版より刊行された。

国分拓著
ノモレ
森で別れた仲間《ノモレ》に会いたい——。アマゾンの密林で百年以上語り継がれた記憶。突如出現したイゾラドはノモレなのか。圧巻の記録。

NHK「東海村臨界事故」取材班
朽ちていった命
—被曝治療83日間の記録—
大量の放射線を浴びた瞬間から、彼の体は壊れていった。再生をやめ次第に朽ちていく命と、前例なき治療を続ける医者たちの苦悩。

NHKスペシャル取材班著
日本海軍400時間の証言
—軍令部・参謀たちが語った敗戦—
開戦の真相、特攻への道、戦犯裁判。「海軍反省会」録音に刻まれた肉声から、海軍、そして日本組織の本質的な問題点が浮かび上がる。

NHKスペシャル取材班編著
日本人はなぜ戦争へと向かったのか
—外交・陸軍編—
肉声証言テープ等の新資料、国内外の研究成果をもとに、開戦へと向かった日本を徹底検証。列強の動きを読み違えた開戦前夜の真相。

NHKスペシャル取材班編著
日本人はなぜ戦争へと向かったのか
—メディアと民衆・指導者編—
軍に利用され、民衆の〝熱狂〟を作り出したメディア、戦争回避を検討しつつ避けられなかったリーダーたちの迷走を徹底検証。

NHKスペシャル取材班編著
日本人はなぜ戦争へと向かったのか
—果てしなき戦線拡大編—
戦争方針すら集約できなかった陸海軍、軍と一体化して混乱を招いた経済界。開戦から半年間の知られざる転換点を徹底検証。

NHKスペシャル取材班著
老後破産
—長寿という悪夢—
年金生活は些細なきっかけで崩壊する！　誰もが他人事ではいられない、思いもしなかった過酷な現実を克明に描いた衝撃のルポ。

NHKスペシャル取材班著
超常現象
—科学者たちの挑戦—
幽霊、生まれ変わり、幽体離脱、ユリ・ゲラー……。人類はどこまで超常現象の正体に迫れるか。最先端の科学で徹底的に検証する。

NHKスペシャル取材班著
未解決事件 グリコ・森永事件 捜査員300人の証言
警察はなぜ敗北したのか。元捜査関係者たちが重い口を開く。無念の証言と極秘資料をもとに、史上空前の劇場型犯罪の深層に迫る。

小松貴著
昆虫学者はやめられない
〝化学兵器〟を搭載したゴミムシ、メスにプレゼントを贈るクモなど驚きに満ちた虫たちの世界を、気鋭の研究者が軽快に描き出す。

川上和人著
鳥類学者 無謀にも恐竜を語る
『鳥類学者だからって、鳥が好きだと思うなよ。』の著者が、恐竜時代への大航海に船出する。笑えて学べる絶品科学エッセイ！

小林快次著
恐竜まみれ
—発掘現場は今日も命がけ—
カムイサウルス——日本初の恐竜全身骨格はこうして発見された。世界で知られる恐竜研究者が描く、情熱と興奮の発掘記。

黒川伊保子著
恋愛脳
—男心と女心は、なぜこうもすれ違うのか—
男脳と女脳は感じ方が違う。それを理解すれば、恋の達人になれる。最先端の脳科学とAIの知識を駆使して探る男女の機微。

沢木耕太郎著
檀
愛人との暮しを綴って逝った「火宅の人」檀一雄。その夫人への一年余に及ぶ取材が紡ぎ出す「作家の妻」30年の愛の痛みと真実。

沢木耕太郎著
凍
講談社ノンフィクション賞受賞
「最強のクライマー」山野井が夫妻で挑んだ魔の高峰は、絶望的選択を強いた――奇跡の登山行と人間の絆を描く、圧巻の感動作。

星野道夫著
イニュニック〔生命〕
—アラスカの原野を旅する—
壮大な自然と野生動物の姿、そこに暮らす人人との心の交流を、美しい文章と写真で綴る。アラスカのすべてを愛した著者の生命の記録。

星野道夫著
ノーザンライツ
ノーザンライツとは、アラスカの空に輝くオーロラのことである。その光を愛し続けて逝った著者の渾身の遺作。カラー写真多数収録。

宮脇俊三著
最長片道切符の旅
北海道・広尾から九州・枕崎まで、最短経路のほぼ五倍、文字通り紆余曲折一万三千余キロを乗り切った真剣でユーモラスな大旅行。

石井光太著
絶対貧困
―世界リアル貧困学講義―

「貧しさ」はあまりにも画一的に語られていないか。スラムの生活にも喜怒哀楽あふれる人間の営みがある。貧困の実相に迫る全14講。

磯部涼著
ルポ川崎

ここは地獄か、夢の叶う街か？　高齢化やヘイト問題など日本の未来の縮図とも言える都市の姿を活写した先鋭的ドキュメンタリー。

石井光太著
遺体
―震災、津波の果てに―

東日本大震災で壊滅的被害を受けた釜石市。人々はいかにして死と向き合ったのか。遺体安置所の極限状態を綴ったルポルタージュ。

石井光太著
浮浪児1945-
―戦争が生んだ子供たち―

生き抜きたければ、ゴミを漁ってでも食べ物を見つけなければならなかった。戦後史の闇に葬られた元浮浪児たちの過酷な人生を追う。

山口瞳著
礼儀作法入門

礼儀作法の第一は、「まず、健康であること」。作家・山口瞳が、世の社会人初心者に遺した「気持ちよく人とつきあうため」の副読本。

柳田邦男著
言葉の力、生きる力

たまたま出会ったひとつの言葉が、魂を揺さぶり、絶望を希望に変えることがある――日本語が持つ豊饒さを呼び覚ますエッセイ集。

新潮文庫最新刊

畠中恵著
いちねんかん
両親が湯治に行く一年間、長崎屋は若だんなに託されることになった。次々と降りかかる困難に、妖たちと立ち向かうシリーズ第19弾。

早見和真著
ザ・ロイヤルファミリー
山本周五郎賞・JRA賞馬事文化賞受賞
絶対に俺を裏切るな――。馬主として勝利を渇望するワンマン社長一家の20年を秘書の視点から描く圧巻のエンターテインメント長編。

奥田英朗著
罪の轍
昭和38年、浅草で男児誘拐事件が発生。人々は震撼した。捜査一課の落合は日本を駆ける。ミステリ史にその名を刻む犯罪×捜査小説。

藤原緋沙子著
冬の霧
―へんろ宿　巻二―
心に傷を持つ旅人を包み込む回向院前へんろ宿。放蕩若旦那、所払いの罪人、上方の女義太夫母娘。感涙必至、人情時代小説傑作四編。

遠田潤子著
月桃夜
日本ファンタジーノベル大賞受賞
薩摩支配下の奄美。無慈悲な神に裁かれる、血のつながらない兄妹の禁断の絆。魔術的な魅力に満ちあふれた、許されざる愛の物語。

高丘哲次著
約束の果て
―黒と紫の国―
日本ファンタジーノベル大賞受賞
風が吹き、紫の花が空へと舞い上がる。少年と少女の約束が、五千年の時を越え、果たされる。空前絶後のボーイ・ミーツ・ガール。

新潮文庫最新刊

三川みり著
龍ノ国幻想4 炎《も》ゆ花の楔《くさび》
皇尊《すめらみこと》となった日織に世継ぎを望む声が高まる。伴侶との間を引き裂く思惑のなか、最愛ゆえに妻が下した決断は。男女逆転宮廷絵巻。

堀川アサコ著
悪い麗人
―帝都マユズミ探偵研究所―
殺人を記録した活動写真の噂、華族の子息と美少年の男色スキャンダル……伯爵探偵と成金助手が挑む、デカダンス薫る帝都の事件簿。

百田尚樹著
地上最強の男
―世界ヘビー級チャンピオン列伝―
モハメド・アリ、ジョー・ルイスらヘビー級チャンピオンの熱きドラマと、彼らの生きた時代を活写するスポーツ・ノンフィクション。

乃南アサ著
美麗島プリズム紀行
―きらめく台湾―
ガイドブックじゃ物足りないあなたへ――。いつだって気になるあの「麗しの島」の歴史と人に寄り添った人気紀行エッセイ第2集。

関裕二著
継体天皇
―分断された王朝―
今に続く天皇家の祖でありながら、その出自をもみ消されてしまった継体天皇。古代史最大の謎を解き明かす、刺激的書下ろし論考。

山本文緒著
自転しながら公転する
中央公論文芸賞・島清恋愛文学賞受賞
恋愛、仕事、家族のこと。全部がんばるなんて私には無理！ ぐるぐる思い悩む都がたどり着いた答えは――。共感度100％の傑作長編。

新潮文庫最新刊

田中兆子著
私のことなら ほっといて
「家に、夫の左脚があるんです」急死した夫の脚だけが私の目の前に現れて……。日常と異常の狭間に迷い込んだ女性を描く短編集。

河野裕著
さよならの言い方なんて知らない。7
冬間美咲に追い詰められた香屋歩は起死回生の策を実行に移す。それは「七月の架見崎」に関わるもので……。償いの青春劇、第7弾。

紺野天龍著
幽世《かくりよ》の薬剤師2
薬師・空洞淵霧瑚は「神の子が宿る」伝承がある村から助けを求められ……。現役薬剤師が描く異世界×医療ミステリー、第2弾。

河端ジュン一著
六畳間ミステリーアパート
そのアパートで暮らせばどんなお悩みも解決する!? 奇妙な住人たちが繰り広げる、不思議でハートウォーミングな新感覚ミステリー。

阿川佐和子著
アガワ家の危ない食卓
「一回たりとも不味いものは食いたくない」が口癖の父。何が入っているか定かではないカレー味のものを作る娘。爆笑の食エッセイ。

三浦瑠麗著
孤独の意味も、女であることの味わいも
いじめ、性暴力、死産……。それでも人生には、必ず意味がある。気鋭の国際政治学者が丹念に綴った共感必至の等身大メモワール。

ヤノマミ

新潮文庫　こ－59－1

平成二十五年十一月一日発行
令和四年十二月十日四刷

著者　国《こく》分《ぶん》拓《ひろむ》

発行者　佐藤隆信
発行所　株式会社新潮社
郵便番号　一六二―八七一一
東京都新宿区矢来町七一
電話　編集部(〇三)三二六六―五四四〇
読者係(〇三)三二六六―五一一一
http://www.shinchosha.co.jp
価格はカバーに表示してあります。
乱丁・落丁本は、ご面倒ですが小社読者係宛ご送付ください。送料小社負担にてお取替えいたします。

印刷・錦明印刷株式会社　製本・錦明印刷株式会社

© Hiromu Kokubun 2010　Printed in Japan

ISBN978-4-10-128191-9　C0139